JN427913

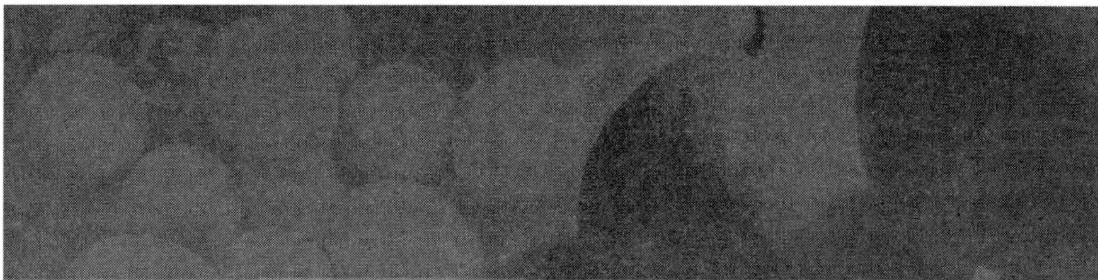

一石两鸟

대학생을 위한

일석이조 중국어(읽기편)

임반석 지음

독해와 **어휘**를 동시에

재미있는 문장과 **시사 문장**을 함께

신아사

저자의 말

이 책은 기초 중국어 수준 이상의 학생들을 대상으로 한 중국어 읽기 교재이다.

필자는 지난 수 년 동안 〈중국어 강독〉 과목을 강의하면서 몇 가지 부족함을 느꼈다. 한 가지는 현재 중국사회를 이해하는 데 도움이 되는 최근 문장들을 잘 모은 교재가 부족하다는 점이다. 중문학과 강의라면 문학작품이나 비평문을 읽어나가면 되겠지만, 중국통상과나 중국학과 강의 교재로는 한계가 있다. 그렇다고 경상분야를 포함한 사회공부를 위해 매번 신문 잡지의 기사를 검색하여 임시 교재로 사용하기도 번거롭다.

또 한 가지는 문제는 여러 노력에도 불구하고 강독 시간이 지루한 시간이 되기 쉽다는 점이다. 강독시간은 보통 주어진 문장을 소리 내어 읽어 보고, 낯선 단어나 표현을 익히고 난 뒤 문장을 해석해 나가면서 부족한 내용을 부연 설명하는 방식으로 진행한다. 그런데 사회과학 분야, 특히 경상분야 내용을 강독해 나가는 작업은 수강생들을 지루하게 만들기 마련이다.

이러한 한계를 절감하면서 새로운 교재를 쓰고자 하는 생각을 갖게 되었고, 여전히 부족하지만 그 결과가 이 교재이다. 이 교재는 전반부와 후반부로 나뉘어져 있고, 각 부분은 모두 20개 과로 구성되어 있다. 전반부는 재미있는 고사를 짧게 요약하고 좀 더 평이한 문장으로 고쳐 쓴 것이다. 문장은 초급 중국어 수준을 공부한 학생이면 어렵지 않게 접근할 수 있도록 하였고, 최대한 대화체로 하기 위해 여러 차례 고쳐 썼다. 재미있는 내용, 쉬운 문장을 읽으면서 단어도 함께 공부할 수 있으리라 기대해 본다. 다음으로, 후반부는 경제관련 기사를 중심으로 하고, 일부 중국사회를 이해하는 데 도움이 될 만한 문장을 모아 편집하였다. 이 부분은 최대한 원문을 따르되, 긴 문장은 알맞게 줄이고, 까다로운 문체도 일부 손질을 하였다. 초급 강독인 경우 전반부, 중급강독인 경우 후반부를 선택적으로 활용해도 되고, 지루함을 덜기 위해 전반부와 후반부를 오가면서 활용하는 것도 좋은 방법일 수 있다.

전반부와 후반부 모두 학생들의 입장에서 생소한 단어나 표현을 찾아 최대한 친절하게 안내하고자 하였으며, 본문 뒤에는 문장 내용에 대한 이해도를 측정할 수 있도록 질문을 부가하였다. 뿐만 아니라 학습자의 어휘 능력 향상을 위해 매 3~4과 뒤에는 알아두어야 할 중요하고 유용한 중국어 표현, 성어, 숙어 등을 엄선해 정리해 두었다. 함께 외운다면 중국어 공부에 많은 도움이 될 것으로 믿는다.

이 책이 중국어 강독을 위한 교재이지만 책의 말미에 본문 해석은 붙이지 않았다. 왜냐하면 필자의 중국어 학습 및 중국어 교육 경험을 통해서, 모범 해석이 강독 공부에 더 방해가 된다는 사실을 알게 되었기 때문이다. 본문 뒤에 생소한 단어와 해설이 있다고 해더라도, 더욱 더 정확한 해석을 해내려는 스스로의 상당한 노력이 없이는, 읽기 실력이 향상되기 어렵다. 왜냐하면 우리의 습관상 해석이 잘되지 않으면 바로 해석으로 손이 가기 때문이다. 중국어 공부에 열의를 가진 학생들에게 읽기 뿐 아니라 듣기 연습에도 상당한 도움이 되리라 생각한다.

이 책이 두껍지 않은 책이기는 하지만, 출판까지는 1년 반이라는 준비기간이 투자되었고, 곳곳에 여러 사람의 도움이 녹아 있다. 문장을 다듬고 또 번잡한 교정 작업을 해준 료치, 리닝, 먼링옌, 왕즈자오의 수고에 대해 고마움을 표한다. 무엇보다도 시장도 좁은 읽기 교재 출판을 기꺼이 맡아주신 신아사 정현걸 사장님을 비롯한 모든 분들의 수고에 대해서도 머리를 숙인다. 아무쪼록 이 교재가 중국어 읽기와 듣기 학습에 도움이 된다면 더 없는 기쁨이 될 것 같다.

2009년 1월

우암산 연구실에서

저자 씀

CONTENTS 목차

第二篇　经济文章阅读

第一篇

成语故事阅读

dì kè
第1课

qǐ rén yōu tiān
杞人忧天

cóng qián zài qǐ guó yǒu yí gè dǎn zǐ hěn xiǎo ér qiě yǒu diǎn shén jīng zhì
从前在杞国，有一个胆子很小，而且有点神经质
de rén tā cháng huì xiǎng dào yì xiē qí guài de wèn tí ér ràng rén jué de
的人，他常会想到一些奇怪的问题，而让人觉得
mò míng qí miào yǒu yì tiān tā chī guò wǎn fàn yǐ hòu ná le yì bǎ
莫名其妙。有一天，他吃过晚饭以后，拿了一把
dà pú shàn zuò zài mén qián chéng liáng bìng qiě zì yán zì yǔ de shuō jiǎ
大蒲扇，坐在门前乘凉，并且自言自语地说："假
rú yǒu yì tiān tiān tā le xià lái nà gāi zěn me bàn ne wǒ men qǐ bú
如有一天天塌了下来，那该怎么办呢？我们岂不
shì wú lù kě táo ér jiāng huó huó de bèi yā sǐ zhè bú jiù tài yuān wang
是无路可逃，而将活活地被压死，这不就太冤枉
le ma cóng cǐ yǐ hòu tā jǐ hū měi tiān wèi zhè gè wèn tí fā chóu
了吗？"从此以后，他几乎每天为这个问题发愁，
fán nǎo péng you jiàn tā zhōng rì jīng shén huǎng hū liǎn sè qiáo cuì dōu hěn tì
烦恼，朋友见他终日精神恍惚，脸色憔悴，都很替
tā dān xīn dàn shì dāng dà jiā zhī dào yuán yīn hòu dōu pǎo lái quàn tā shuō
他担心，但是，当大家知道原因后，都跑来劝他说
lǎo xiōng ā nǐ hé bì wèi zhè jiàn shì zì xún fán nǎo ne tiān kōng zěn
："老兄啊！你何必为这件事自寻烦恼呢？天空怎
me huì tā xià lái ne zài shuō jí shǐ zhēn de tā xià lái nà yě bú shì
么会塌下来呢？再说即使真的塌下来，那也不是

nǐ yí gè rén yōu lǜ fā chóu jiù kě yǐ jiě jué de a xiǎng kāi diǎn ba
你一个人忧虑发愁就可以解决的啊，想开点吧!”

kě shì wú lùn rén jiā zěn me shuō tā dōu bù xiāng xìn réng rán shí cháng wèi
可是，无论人家怎么说，他都不相信，仍然时常为

zhè gè bú bì yào de wèn tí dān yōu
这个不必要的问题担忧。

zhè piān yù yán xuǎn zì liè zi tiān ruì
这篇寓言选自《列子·天瑞》

단어정리

胆子[dǎn zi] 담, 배짱
神经质[shén jīng zhì] : 신경질, 정신병
觉得[jué de] : …라고 느끼다
莫名其妙[mò míng qí miào] : 아무도 그 오묘함을 설명할 수 없다, 영문을 모르다
蒲扇[pú shàn] : 부들부채
乘凉[chéng liáng] : 더위를 피하여 바람을 쐬다=纳凉
自言自语[zì yán zì yǔ] : 혼자말을 하다
假如[jiǎ rú] : 만약, 만일, 가령
塌[tā] : 무너지다. 붕괴하다
岂不是[qǐ bú shì] : 어찌 ~이 아니겠는가
活活地[huó huó de] : 산 채로
压[yā] : 압력을 가하다. (내리) 누르다
替[tì] : 대신하다
为[wèi] : ~때문에, ~하기 위해, ~을 위해
冤枉[yuān wang] : 억울하다
发愁[fā chóu] : 근심하다, 걱정하다, 우려하다
精神恍惚[jīng shén huǎng hū] : 얼떨떨하다, 흐리멍덩하다, 멍하다
憔悴[qiáo cuì] : 초췌하다, (얼굴이) 파리하다
劝[quàn] : 권하다, 권고하다
何必[hé bì] : 구태여[하필] ~할 필요가 있는가
自寻烦恼[zì xún fán nǎo] : 스스로 걱정거리를 만들다
即使[jí shǐ] : 만약 ~한다 해도, 설사 ~한다 해도

再说[zài shuō] : 게다가, 다시 말해서
忧虑[yōu lǜ] : 염려하다
想开[xiǎng kāi] : 단념하다
无论[wú lùn] : ~에도 불구하고[물론하고, 막론하고], ~에 관계없이
时常[shí cháng] : 늘, 항상
仍然[réng rán] : 여전히, 아직도

习题[xí tí]

1. 杞国人的性格怎么样?
2. 如果有一天, 天塌下来怎么办 ?

정답

1. 胆子很小, 有点神经质, 常会想到一些奇怪的问题, 有点莫名其妙.
2. 如果有一天, 天塌下来怎么办 ?

dì kè sì miàn chǔ gē
第2课 四面楚歌

xiàng yǔ hé liú bāng yuán lái yuē dìng yǐ hóng gōu dì míng dōng xī biān zuò wéi
项羽和刘邦原来约定以鸿沟(地名)东西边作为
jiè xiàn hù bù qīn fàn hòu lái liú bāng tīng cóng zhāng liáng hé chén píng de guī
界限，互不侵犯。后来刘邦听从张良和陈平的规
quàn jué de yīng gāi chèn xiàng yǔ shuāi ruò de shí hou xiāo miè tā jiù yòu qǐ
劝，觉得应该趁项羽衰弱的时候消灭他，就又起
bīng zhuī jī zhèng zài xiàng dōng kāi wǎng péng chéng dì míng de xiàng yǔ bù duì liú
兵追击正在向东开往彭城(地名)的项羽部队。刘
bāng bù zhì le jǐ céng bīng lì zhōng yú bǎ xiàng yǔ jǐn jǐn wéi zài gāi xià
邦布置了几层兵力终于把项羽紧紧围在垓下。

zhè shí xiàng yǔ shǒu xià de bīng shì yǐ jīng méi yǒu duō shǎo liáng shi le
这时，项羽手下的兵士已经没有多少粮食了。
yè lǐ tīng jiàn sì miàn wéi zhù tā de jūn duì dōu chàng qǐ chǔ dì de mín gē
夜里听见四面围住他的军队都唱起楚地的民歌，
xiàng yǔ bù jīn fēi cháng chī jīng de shuō liú bāng yǐ jīng dé dào le chǔ dì
项羽不禁非常吃惊地说：“刘邦已经得到了楚地
le ma wéi shí me tā de bù duì lǐ miàn chǔ rén zhè me duō ne xiàng yǔ
了吗? 为什么他的部队里面楚人这么多呢?”项羽
shuō wán xīn lǐ yǐ sàng shī le dòu zhì biàn cóng chuáng shàng pá qǐ lái zài yíng
说完，心里已丧失了斗志，便从床上爬起来，在营
zhàng lǐ miàn hē jiǔ bìng hé tā zuì chǒng ài de fēi zi yú jī yī tóng chàng gē
帐里面喝酒,并和他最宠爱的妃子虞姬一同唱歌。

chàng wán zhí diào yǎn lèi zài páng de rén yě fēi cháng nán guò dōu jué de
唱完，直掉眼泪，在旁的人也非常难过，都觉得

tái bù qǐ tóu lái yí huìr xiàng yǔ qí shàng mǎ dài zhe jǐn shèng de bā
抬不起头来。一会儿项羽骑上马，带着仅剩的八

bǎi míng qí bīng cóng nán táo zǒu biān táo biān dǎ dào wū jiāng pàn zì wěn ér
百名骑兵，从南逃走。边逃边打，到乌江畔自刎而

sǐ
死。

zhè piān yù yán xuǎn zì shǐ jì xiàng yǔ běn jì
这篇寓言选自≪史记·项羽本纪≫

단어정리

原来[yuán lái]：원래, 알고 보니
约定[yuē dìng]：약정(하다), 약속(하다)
趁[chèn]~：~을 이용하다
界限[jiè xiàn]：한계, 경계
互不[hù bù]：서로~않다
侵犯[qīn fàn]：침범하다
听从[tīng cóng]：(남의 말을) 듣다, 따르다, 복종하다, 순종하다
规劝[guī quàn]：권고하다, 충고하다
脆弱[cuì ruò]：쇠약(하다),취약하다
消灭[xiāo miè]：소멸하다, 없어지다
起兵[qǐ bīng]：군대를 일으키다, 출병(出兵)하다
追击[zhuī jī]：추격(하다), 뒤쫓다
布置[bùzhì]：배치(하다), 배열(하다)
终于[zhōng yú]：마침내
紧紧[jǐn jǐn]：바짝, 꽉, 단단히
围[wéi]：둘러싸다
垓[gāi]：외진 곳, 땅이름
不禁[bù jīn]：~지 않을 수 없다
吃惊[chī jīng]：(깜짝) 놀라다
丧失[sàng shī]：상실하다, 잃다
营帐[yíng zhàng]：막사
宠爱[chǒng ài]：총애(하다)

掉[diào] : 떨어지다, 흘리다, ~해버리다
妃子[fēi zi] : 임금의 비[첩]
一同[yì tóng] : 같이, 함께
抬[tái] : 들다, 쳐들다, 들어올리다
骑[qí] : 타다(말, 자전거 등)
剩[shèng] : 남다, 남아 있다
逃走[táo zǒu] : 도주하다
自刎[zì wěn] : 스스로 목을 자르다[베어 죽다]

习题[xí tí]

1. 项羽的爱妃是谁？
2. 项羽是在何处自刎的？

정답

1. 虞姬
2. 吴江

dì kè
第3课

míng luò sūn shān
名落孙山

zài wǒ guó sòng cháo de shí hòu yǒu yí gè míng jiào sūn shān de cái zǐ tā
在我国宋朝的时候，有一个名叫孙山的才子，他
wéi rén bú dàn yōu mò ér qiě hěn shàn yú shuō xiào huà suǒ yǐ fù jìn de
为人不但幽默，而且很善于说笑话，所以附近的
rén jiù gěi tā qǔ le yī gè huá jī cái zǐ de chuò hào yǒu yí cì
人就给他取了一个“滑稽才子”的绰号。有一次，
tā hé yí gè tóng xiāng de ér zi yì tóng dào jīng chéng qù cān jiā jǔ rén de
他和一个同乡的儿子一同到京城，去参加举人的
kǎo shì fàng bǎng de shí hòu sūn shān de míng zì suī rán bèi liè zài bǎng wén
考试。放榜的时候，孙山的名字虽然被列在榜文
de dào shù dì yī míng dàn réng rán shì bǎng shàng yǒu míng ér nà wèi hé tā
的倒数第一名，但仍然是榜上有名，而那位和他
yì qǐ qù de nà wèi tóng xiāng de ér zi què méi yǒu kǎo shàng bù jiǔ sūn
一起去的那位同乡的儿子，却没有考上。不久，孙
shān xiān huí dào jiā lǐ tóng xiāng biàn lái wèn tā ér zi yǒu méi yǒu kǎo shàng
山先回到家里，同乡便来问他儿子有没有考上。
sūn shān jì bù hǎo yì sī zhí shuō yòu bú biàn yǐn mán yú shì jiù suí kǒu
孙山既不好意思直说，又不便隐瞒，于是，就随口
niàn chū liǎng jù bù chéng shī de shī jù lái jiě yuán jìn chù shì sūn shān xián
念出两句不成诗的诗句来：“解元近处是孙山，贤
láng gèng zài sūn shān wài tā zhè shǒu shī de yì sī shì shuō zuì hòu
郎更在孙山外”。他这首诗的意思是说：“最后

第一篇 成语故事阅读

yī míng shì wǒ sūn shān ér nǐ ér zi de míng zì què hái zài wǒ sūn shān de
一名是我孙山，而你儿子的名字却还在我孙山的

hòu miàn
后面”。

zhè piān yù yán xuǎn zì guò tíng lù
这篇寓言选自《过庭录》

단어정리

宋朝[sòng cháo] : 송 나라
才子[cái zǐ] : 재주꾼, 재능이 뛰어난 사람
幽默[yōu mò] : 유머러스하다
善于[shàn yú] : ~에 능하다,~을 잘하다
笑话[xiào huà] : 우스운 이야기, 우스갯 소리
滑稽[huá jī] : 익살맞다, 익살스럽다
绰号[chuò hào] : 별명
同乡[tóng xiāng] : 같은 고향(사람), 동향
京城[jīng chéng] : 경성, 수도
举人[jǔ rén] : 명청(明清) 시대에 향시(乡试)에 합격한 사람
放榜[fàng bǎng] : 방을 붙이다, 합격자를 공포하다
列[liè] : 배열하다, 나열하다
倒数[dào shǔ] : 거꾸로 세다, 밑에서부터 세다
榜上有名[bǎng shàng yǒu míng] : (합격자) 명단에 이름이 있다, 합격하다
不久[bù jiǔ] : 얼마 지나지 않아
便[biàn] : 곧 = 就[jiù]
既~又…[jì~yòu] : ~ 하기도 하고 …하기도 하다
不好意思[bù hǎo yì sī] : 부끄럽다. 쑥스럽다
直说[zhí shuō] : 직언(直言)하다, 숨기지 않고 솔직히 말하다
不便[bú biàn] : 불편하다
于是[yú shì] : 그래서
念[niàn] : 읽다, 외우다
隐瞒[yǐn mán] : (진상을) 숨기다, 속이다
随口[suí kǒu] : 입에서 나오는 대로, 얼떨결에
解元[jiě yuán] : 장원, 1등
贤郎[xián láng] : 남의 아들을 높여 일컫는 말, 자제, 영랑(令郎)
却[què] : 반대로, 도리어, 물러서다

习题[xí tí]

1. 孙山的绰号是什么？
2. 放榜的时候，孙山考了第几名？

정답

1. 滑稽才子
2. 最后一名

常用的成语, 熟语, 俗语 1

爱理不理[ài lǐ bù lǐ] : 본체만체하다.
爱面子[ài miàn zi] : 체면을 중시하다
碍手碍脚[ài shǒu ài jiǎo] : 방해가 되다
安乐窝[ān lè wō]. : 편안하고 즐거운 보금자리
掰交情[bāi jiāo qing] : 친분이나 우정 등이 금가다, 관계가 깨지다
八九不离十[bā jiǔ bù lí shí] : 십중팔구, 실제상황과 매우 가까움
白眼狼[bái yǎn láng] : 배은망덕한 사람
百事通[bǎi shì tōng] : 척척박사
摆架势[bǎi jià shì] : 남을 놀리다, 남을 현혹시키다
摆架子[bǎi jià zi] : 허세를 부리다 거드름을 피우다
摆谱儿[bǎi pǔ er] : 겉치레에 신경쓰다
拜把子[bài bǎ zi] : 의형제를 맺다
百尺竿头[bǎi chǐ gān tóu] : 아주 위태로운 지경
百折不挠[bǎi zhé bù náo] : 백번좌절 당해도 굴하지 않다(=백절불굴)
搬救兵[bān jiù bīng] : 지원을 요청하다, 구원을 요청하다
半途而废[bàn tú ér fèi] : 중도에 그만두다
板上钉钉[bǎn shàng dìng dīng] : 변경할 수 없다, 확고부동하다
办后事[bàn hòu shì] : 장례를 치르다
半吊子[bàn diào zi] : 사리를 분별하지 못하고 언행이 경솔한 사람
半斤八两[bàn jīn bā liǎng] : 피차일반, 피장파장, 막상막하다, 도토리 키재기
半路出家[bàn lù chū jiā] : 성년이 된 후 중이 되다, 출가(出家)하다
绊脚石[bàn jiǎo shí] : 걸림돌, 장애물
班门弄斧[bān mén nòng fǔ] : 주제 넘다, 주제를 모르다
帮倒忙[bāng dào máng] : 오히려 방해가 되다, 도움을 준다는 게 도리어 남에게 폐를 끼치다
包打听[bāo dǎ tīng] : (방언)정탐꾼
宝贝疙瘩[bǎo bèi gē da] : 총애를 받는 아이, 귀염둥이
保护伞[bǎo hù sǎn] : 배후지원자(든든한 배경)
打抱不平[dǎ bào bù píng] : 다른 사람이 불공평한 대우를 받는 것을 보고 매우 분개하다
抱佛脚[bào fó jiǎo] : 눈앞에 닥쳐서야 급해지다, 부처다리를 붙잡다
暴发户[bào fā hù] : 벼락부자

包藏祸心[bāo cáng huò xīn] : 남을 해치고자 하는 마음을 품다
杯中蛇影[bēi zhōng shé yǐng] : 괜한 걱정을 하다, 쓸 데 없이 근심하다
背黑锅[bēi hēi guō] : 누명을 쓰다
笨鸟先飞[bèn niǎo xiān fēi] : 지혜롭지 못하고 경솔함, 어리석은 새가 먼저난다
闭门羹[bì mén gēng] : 문전박대
避风头[bì fēng tóu] : 공격을 피하다, 예봉을 피하다
比比皆是[bǐ bǐ jiē shì] =到处都是[dào chǔ dōu shì] : 흔하다
逼上梁山[bī shàng liáng shān] : 쫓기어 어쩔 수 없이 도망치듯 숨다.
鞭长莫及[biān cháng mò jí] : 힘이 모자라서 다 돌보지 못하다, 채찍이 말의 배에 미치지 않다
别无长物[bié wú cháng wù] : 아무것도 가진 것이 없다, 매우가난하다
兵不厌诈[bīng bù yàn zhà] : 전투에서는 적을 속이기도 한다
不对眼[bú duì yǎn] : 마음에 들지 않다, 눈에 거슬리다, 눈에 익지 않다
不见不散[bú jiàn bù sàn] : 반드시 만나다, 꼭 만나다
不认帐[bú rèn zhàng] : 자신이 했던 말이나 행동을 시인하지 않다
不问青红皂白[bú wèn qīng hóng zào bái] : 불문곡직하고, 다짜고짜로(=不分皂白)
不要脸[bú yào liǎn] : 부끄러움을 모르다, 뻔뻔스럽다
补漏洞[bǔ lòu dòng] : 부족한 부분을 보완하다
不成材[bù chéng cái] : 무익하다, 쓸모가 없다
不成器[bù chéng qì] : 사람 구실을 못 하다, 쓸모 있는 사람이 되지 못하다
不管三七二十一[bù guǎn sān qī èr shí yī] : 무턱대고, 앞뒤를 가리지 않고
不景气[bù jǐng qì] : 불경기, 불황
不怕 一万就怕万一[bú pà yī wàn jiù pà wàn yī] : 설마가 사람 잡는다
不中用[bù zhōng yòng] : 쓸모없다, 재능이 없다
不务正业[bú wù zhèng yè] : 본분에 힘쓰지 않다, 해야 할 일을 하지 않다
不知所措[bù zhī suǒ cuò] : 어찌할 바를 모르다
不知所终[bù zhī suǒ zhōng] : 마지막 결과를 모르다
不识时务[bù shí shí wù] : 시대의 흐름을 잘 알지 못 하다, 세상물정에 어둡다
不拘小节[bù jū xiǎo jié] : 사소한 것에 구애되지 않다, 행동거지가 대범하다
不遗余力[bù yí yú lì] : 전력을 기울이다, 진력하다
不可同日而语[bù kě tóng rì ér yǔ] : 비교가 되지 않다, 함께 놓고 말할 수 없다, 전혀 다르다
不可救药[bù kě jiù yào] : 더 이상 어찌 할 수 없다, 방법이 없다
不名一钱[bù míng yī qián] : 아주 가난함
不学无术[bù xué wú shù] : 배운 것도 재주도 없음
不折不扣[bù zhé bù kòu] : 틀림없이

第一篇 成语故事阅读

dì kè tiě chǔ mó zhēn
第4课 铁杵磨针

táng cháo zhù míng dà shī rén lǐ bái xiǎo shí hòu bù xǐ huān niàn shū chángcháng
唐朝著名大诗人李白小时候不喜欢念书，常常
táo xué dào jiē shang qù xián guàng yì tiān lǐ bái yòu méi yǒu qù shàng xué
逃学，到街上去闲逛。一天，李白又没有去上学，
zài jiē shàng xián guàng bù zhī bù jué dào le chéng wài lǐ bái gǎn tàn bù yǐ
在街上闲逛，不知不觉到了城外。李白感叹不已，
zhè me hǎo de tiān qì rú guǒ zhěng tiān zài wū lǐ dú shū duō méi yì sī
“这么好的天气， 如果整天在屋里读书多没意思
a zǒu zhe zǒu zhe zài yí gè pò máo wū mén kǒu zuò zhe yí wèi mǎn tóu
啊!” 走着走着，在一个破茅屋门口，坐着一位满头
bái fà de lǎo pó pó zhèng zài mó yì gēn gùn zí bān cū de tiě chǔ lǐ
白发的老婆婆，正在磨一根棍子般粗的铁杵。李
bái zǒu guò qù wèn lǎo pó po nín zài zuò shén me wǒ yào bǎ zhè
白走过去问：“老婆婆，您在做什么?” “我要把这
gēn tiě chǔ mó chéng yí gè xiù huā zhēn lǎo pó po tái qǐ tóu duì lǐ bái
根铁杵磨成一个绣花针”。 老婆婆抬起头，对李白
xiào le xiào jiē zhe yòu dī xià tóu jì xù mó tiě chǔ
笑了笑，接着又低下头继续磨铁杵。

xiù huā zhēn lǐ bái yòu wèn shì féng yī fu yòng de xiù huā zhēn
“ 绣花针? ” 李白又问：“ 是缝衣服用的绣花针
ma
吗?”

dāng rán
"当然!"

kě shì tiě chǔ zhè me cū shén me shí hòu néng mó chéng xì xì de xiù
"可是，铁杵这么粗，什么时候能磨成细细的绣

huā zhēn ne
花针呢?"

lǎo pó po fǎn wèn lǐ bái dī shuǐ kě yǐ chuān shí tiě chǔ wèi shén me
老婆婆反问李白："滴水可以穿石，铁杵为什么

bù néng mó chéng xiù huā zhēn ne
不能磨成绣花针呢?"

kě shì nín de nián jì zhè me dà le
"可是，您的年纪这么大了?"

zhī yào wǒ xià de gōng fū bǐ bié rén shēn méi yǒu zuò bú dào de shì qing
"只要我下的功夫比别人深，没有做不到的事情"。

lǎo pó po de yì fān huà lìng lǐ bái hěn cán kuì yú shì huí qù zhī
老婆婆的一番话，令李白很惭愧，于是回去之

hòu zài méi yǒu táo guò xué měi tiān de xué xí yě tè bié yòng gōng zhōng yú
后，再没有逃过学，每天的学习也特别用功，终于

chéng le míng chuí qiān gǔ de shī xiān zhè piān yù yán xuǎn zì fāng yú shèng lǎn méi zhōu mó zhēn xī
成了名垂千古的诗仙。这篇寓言选自≪方舆胜览·眉州·磨针溪≫

第一篇 成语故事阅读

단어정리

著名[zhù míng] : 유명하다
诗人[shī rén] : 시인
逃学[táo xué] : 학교를 무단결석하다=**旷课**[kuàng kè] · **逃课**[táo kè] : 수업을 빼먹다.
街上[jiē shang] : 거리, 가두, 노상
闲逛[xián guàng] : 놀러 다니다
不知不觉[bù zhī bù jué] : 자기도 모르는 사이에
抬头[tái tóu] : 머리를 들다 ↔ **低头** : 머리를 떨구다

整天[zhěng tiān] : 종일
感叹[gǎn tàn] : 감탄하다
~不已[bù yǐ] : ~하지 않을 수 없다, ~을 금할 수 없다
茅屋[máo wū] : 초가집
满头白发[mǎn tóu bái fà] : 온 머리가 백발
磨[mó] : 갈다, 문지르다
~般[bān] : ~와 같은
棍子[gùn zi] : 막대기
铁杵[tiě chǔ] : 철봉, 철 막대기
绣花针[xiù huā zhēn] : 자수 바늘
缝[féng] : 바느질하다, 꿰매다, 缝[fèng] : 틈
粗[cū] : 굵다, 거칠다, 조잡하다
细[xì] : 가늘다
接着[jiē zhe] : 이어서, 계속해서
滴水[dī shuǐ] : (떨어지는) 물방울
穿[chuān] : 구멍을 뚫다
功夫[gōng fu] : 노력, 下功夫 : 노력하다
惭愧[cán kuì] : 부끄럽다
用功[yòng gōng] : 열심히 공부하다
名垂千古[míng chuí qiān gǔ] : 길이 이름을 남기다
诗仙[shī xiān] : 시선

习题[xí tí]

1. 李白逃学去干什么？
2. 婆婆对李白说了一句什么话是他再也没有逃学？

정답

1. 逃学去街上闲逛.
2. "只要我下的功夫比别人深，没有做不到的事情"

dì kè zì shí qí guǒ

第5课 自食其果

sòng cháo de shí hou yǒu wèi míng jiào qiū xùn de dà guān qù bài fǎng yí wèi
宋朝的时候，有位名叫丘浚的大官去拜访一位
hé shang dàn hé shang kàn jiàn qiū xùn de dǎ bàn bù xiàng shì zuò guān de rén
和尚，但和尚看见丘浚的打扮不像是做官的人，
yú shì duì tā bù lǐ bù cǎi tài dù fēi cháng bù lǐ mào zhè ge shí hòu
于是对他不理不睬，态度非常不礼貌。这个时候，
lái le wèi gāo jí jūn guān de ér zi nà wèi hé shang kàn tā chuān zhuó dǎ bàn
来了位高级军官的儿子，那位和尚看他穿着打扮
fēi cháng qì pài biàn lì kè mǎn liǎn xiào róng bì gōng bì jìng de zǒu shàng qián
非常气派，便立刻满脸笑容，必恭必敬地走上前
zhāo dài qiū xùn kàn dào zhè yī qiē hěn shēng qì děng dào nà gè jūn guān de
招待。丘浚看到这一切很生气，等到那个军官的
ér zi lí kāi hòu fèn nù de wèn hé shang shuō nǐ wèi shén me duì wǒ
儿子离开后，愤怒地问和尚说：“你为什么对我
zhè yàng bú kè qì ér duì tā yòu nà me hǎo ne hé shang kǒu cái hěn hǎo
这样不客气，而对他又那么好呢？”和尚口才很好，
shuō nǐ wù hui le wǒ biǎo miàn shang duì tā kè qì dàn nèi xīn wèi bì
说：“你误会了！我表面上对他客气，但内心未必
duì tā kè qì ér nèi xīn duì tā kè qì de jiù méi bì yào biǎo miàn kè
对他客气；而内心对他客气的，就没必要表面客
qì zhè shí qiū xùn shǒu zhōng gāng hǎo yǒu zhī guǎi zhàng yí nù zhī xià dǎ
气”。这时丘浚手中刚好有支拐杖，一怒之下，打

le guò qù shuō dào àn zhào nǐ de luó jí dǎ nǐ jiù shì ài nǐ bù
了过去，说道：“按照你的逻辑，打你就是爱你，不

dǎ nǐ jiù shì hèn nǐ nà me wǒ zhǐ hǎo dǎ nǐ le
打你就是恨你，那么我只好打你了”。

단어정리

自食其果[zì shí qí guǒ] : 제가 놓은 덫에 걸리다, 제 도끼에 발등 찍히다
大官[dà guān] : 고관, 대관
拜访[bài fǎng] : 방문(예방)하다.
穿[chuān] : 입다
穿着[chuān zhuó] : 옷을 차려입다
和尚[hé shang] : 중, 승려, 화상
打扮[dǎ bàn] : 분장하다, 치장하다
于是[yú shì] : 그래서
不理不睬[bù lǐ bù cǎi] : 상대하지 않다, 거들떠보지 않다
态度[tài dù] : 태도, 몸짓
礼貌[lǐ mào] : 예의 바르다, 예의
高级[gāo jí] : 고급(의)
军官[jūn guān] : 장교, 사관
气派[qì pài] : 기백있는, 멋진
立刻[lì kè] : 즉시, 곧바로
满脸[mǎn liǎn] : 만면에
必恭必敬[bì gōng bì jìng]
=毕恭毕敬[bì gōng bì jìng] : 매우 공손한 태도를 취하다
招待[zhāo dài] : 초청하다, 초대하다
生气[shēng qì] : 화내다, 성내다
愤怒[fèn nù] : 분노(하다)
等[děng] : 기다리다
客气[kè qì] : 예의가 바르다, 정중하다, 친절하다
口才[kǒu cái] : 말재주
误会[wù hui] : 오해(하다)
未必[wèi bì] : 꼭~라고 할 수 없다
表面[biǎo miàn] : 표면

内心[nèi xīn]：(외형·표면에 대하여) 마음, 내심
刚好[gāng hǎo]：때마침
拐杖[guǎi zhàng]：지팡이＝拐棍(儿)
按照[àn zhào]：…에 비추어, …에 따라
逻辑[luó jí]：논리
打[dǎ]：때리다
恨[hèn]：원망하다, 미워[증오]하다
只好[zhǐ hǎo]：~할 수밖에 없다

习题[xí tí]

1. 此故事发生的历史年代是？
2. 和尚第一次看见邱浚的态度是怎样的？

정답

1. 宋朝的时候
2. 不理不睬，态度非常不礼貌.

dì kè záo bì tōu guāng
第6课 凿壁偷光

xī hàn de shí hòu yǒu ge nóng mín de hái zǐ jiào kuānghéng tā xiǎo shí
西汉的时候，有个农民的孩子，叫匡衡。他小时
hòu hěn xiǎng dú shū kě shì yīn wèi jiā lǐ qióng méi qián shàng xué hòu lái
候很想读书，可是因为家里穷，没钱上学。后来，
tā gēn yí gè qīn qī xué rèn zì cái xué huì le dú shū de néng lì dàn
他跟一个亲戚学认字，才学会了读书的能力。但
kuānghéng mǎi bu qǐ shū zhī hǎo jiè shū lái kàn nà gè shí hòu shū shì
匡衡买不起书，只好借书来看。那个时候，书是
fēi cháng guì de yǒu shū de rén bù kěn qīng yì jiè gěi bié rén kuānghéng jiù
非常贵的，有书的人不肯轻易借给别人。匡衡就
zài nóngmáng shí jié gěi yǒu qián de rén jiā dǎ duǎngōng bú yào gōng qián zhǐ
在农忙时节，给有钱的人家打短工，不要工钱，只
qiú rén jiā jiè shū gěi tā kàn guò le jǐ nián kuānghéngzhǎng dà le tā
求人家借书给他看。过了几年，匡衡长大了。他
yì tiān dào wǎn zài dì lǐ gàn huó zhī yǒu zhōng wǔ de shí hòu cái yǒu gōng
一天到晚在地里干活，只有中午的时候，才有工
fū kàn yì diǎn shū suǒ yǐ yì běn shū chángcháng yào shí tiān bàn yuè cái néng gòu
夫看一点书，所以一本书常常要十天半月才能够
dú wán kuānghéng hěn zháo jí xīn lǐ xiǎng bái tiān zhòngzhuāng jià méi yǒu shí
读完。匡衡很着急，心里想：白天种庄稼，没有时
jiān kàn shū wǒ kě yǐ duō lì yòng yì xiē wǎn shàng de shí jiān lái kàn kě
间看书，我可以多利用一些晚上的时间来看。可

shì jiā lǐ hěn qióng mǎi bu qǐ diǎn dēng yóu zěn me bàn ne yǒu yì tiān wǎn
是家里很穷买不起点灯油，怎么办呢？有一天晚
shang kuāng héng tǎng zài chuáng shàng bèi bái tiān dú guò de shū bèi zhe bèi zhe tū
上，匡衡躺在床上背白天读过的书。背着背着，突
rán kàn dao dōng biān de qiáng bì shang tòu guò lái yì xiàn liàng guāng tā zǒu dào qiáng
然看到东边的墙壁上透过来一线亮光。他走到墙
bì biān yí kàn a yuán lái cóng bì fèng lǐ tòu guò lái de shì lín jū de
壁边一看，啊！原来从壁缝里透过来的是邻居的
dēng guāng yú shì kuāng héng xiǎng le yí ge bàn fǎ tā ná le yì bǎ xiǎo
灯光。于是，匡衡想了一个办法：他拿了一把小
dāo bǎ qiáng fèng wā dà le yì xiē zhè yàng tòu guò lái de guāng liàng yě
刀，把墙缝挖大了一些。这样，透过来的光亮也
dà le tā jiù jiè zhe tòu jìn lái de dēng guāng dú qǐ shū lái le kuāng
大了，他就借着透进来的灯光，读起书来了。匡
héng jiù shì zhè yàng kè kǔ de xué xí hòu lái chéng le yí gè hěn yǒu xué wèn
衡就是这样刻苦地学习，后来成了一个很有学问
de rén
的人。

zhè piān yù yán xuǎn zì xī jīng zá jì
这篇寓言选自《西京杂记》

第一篇 成语故事阅读

단어정리

凿壁偷光[záo bì tōu guāng]：벽을 뚫어 빛을 빌리다, 열심히 공부하다
凿[záo]：뚫다
穷[qióng]：가난하다
亲戚[qīn qī]：친척
认字[rèn zì]：글자를 알다
买不起[mǎi bu qǐ]：(돈이 없어서) 살 수 없다
不肯[bù kěn]：~하려 하지 않다
借书[jiè shū]：책을 빌다[대출하다]
干活[gàn huó]：일하다
贵重[guì zhòng]：귀중하다

轻易[qīng yì] : 수월하게, 간단하게, 가볍게
农忙[nóng máng] : 농번기
打短工[dǎ duǎn gōng] : 날품팔이하다
工钱[gōng qián] : 임금, 품삯
十天半月[shí tiān bàn yuè] : 열흘이나 반달, 오랫동안
能够[néng gòu] : 충분히~할 수 있다
一天到晚[yì tiān dào wǎn] : 아침부터 밤까지, 하루 종일, 진 종일
着急[zháo jí] : 초조해 하다, 마음을 졸이다
种[zhòng] : 경작하다, 씨를 뿌리다
庄稼[zhuāng jia] : 농작물
躺[tǎng] : 기대다
背[bèi] : 외우다, 짊어지다
墙壁[qiáng bì] : 벽
原来[yuán lái] : 알고 보니
缝[fèng] : 틈, 간극
透[tòu] : 스며들다. 침투하다
亮光[liàng guāng] : 밝은 빛
邻居[lín jū] : 이웃, 옆집
挖[wā] : 파다
刻苦[kè kǔ] : 힘쓰다, 열심을 다하다

习题[xí tí]

1. 匡衡是怎样才学会了读书?
2. 匡衡的书是怎样来的?

정답

1. 跟一个亲戚学认字之后才学会了读书.
2. 给有钱的人家打工，不要工钱，只求人家借书给他看.

常用的成语, 熟语, 俗语 2

猜哑谜[cāi yǎ mí] : 진정한 의미를 추측하다, 진상을 추측하다
财神爷[cái shén yé] : 행운의 신, 재물신, 재신(财神)
长舌妇[cháng shé fù] : 수다쟁이 여자
唱独角戏[chàng dú jiǎo xì] : 어떤 일을 혼자서 처리하다
唱反调[chàng fǎn diào] : 고의로 상반된 주장이나 행동을 하다, 엇나가다, 반대로 나가다
唱双簧[chàng shuāng huáng] : 두 사람이 호흡을 맞춰 일하다
沧海桑田[cāng hǎi sāng tián] : 큰 변화, 놀라운 변화, 상전벽해
炒鱿鱼[chǎo yóu yú] : 해고하다
操碎了心[cāo suì le xīn] : 신경 써서 처리하다, 애쓰다, 걱정하다
扯后腿[chě hòu tuǐ] : 뒷다리를 잡아당기다, 일을 방해하다
乘风破浪[chéng fēng pò làng] : 어려움과 위험을 무릅쓰고 용감하게 나아가다
乘人之危[chéng rén zhī wēi] : 남의 어려운 처지를 이용하다
程门立雪[chéng mén lì xuě] : (스승을 존경하여) 마음으로 가르침을 받다
称兄道弟[chēng xiōng dào dì] : 형님동생 하다, 매우 친근한 사이
吃不消[chī bù xiāo] : 버틸 수 없다, 견딜 수 없다, 참을 수 없다
吃豆腐[chī dòu fu] : (부녀자를) 희롱하다, 야유하다
吃回头草[chī huí tóu cǎo] : 지난 일을 되씹다, 그만 두었던 일을 다시 시작하다
吃后悔药[chī hòu huǐ yào] : 매우 후회하다
冲锋陷阵[chōng fēng xiàn zhèn] : 적진 깊숙이 돌격하여 들어가다, 용맹스럽다
丑八怪[chǒu bā guài] : 생김새가 매우 흉한 사람, 못난이
丑小鸭[chǒu xiǎo yā] : 남에게 업신여김을 당하지만 잠재력과 전망이 있는 사람, 미운 오리 새끼
出力[chū lì] : 힘을 쓰다, 힘을 다하다
出风头[chū fēng tóu] : 나서다, 자기를 내세우다
出气筒[chū qì tǒng] : 화풀이 대상, 동네북
穿小鞋[chuān xiǎo xié] : 일부러 괴롭히다, 학대하다
吹胡子瞪眼睛[chuī hú zi dèng yǎn jīng] : 수염을 훅훅 불며 눈을 부릅뜨다, 매우 분노한 모양
吹牛皮[chuī niú pí] : 허풍을 떨다

第一篇 成语故事阅读

唇齿相依[chún chǐ xiāng yī] : 뗄래야 뗄 수 없는 관계, 입술과 이처럼 서로 의지하다
醋罐子[cù guàn zi] : 질투심이 강한 사람
打包票[dǎ bāo piào] : 보증하다
打光棍[dǎ guāng gùn] : 독신으로 지내다, 홀몸으로 지내다
打哈哈[dǎ hā hā] : 농담하다
打马虎 眼[dǎ mǎ hǔ yǎn] : 눈속임을 하다, 얼렁뚱땅 넘어가다
打肿脸充胖子[dǎ zhǒng liǎn chōng pàng zi] : 허세를 부리다, 능력이 있는 척하다
大肚子[dà dù zi] : 임신, 회임하다
大操大办[dà cāo dà bàn] : (혼례, 장례 등을) 대규모로 하다, 크게 벌리다
大义灭亲[dà yì miè qīn] : 정의를 위해 사적인 관계도 고려하지 않다
大器晚成[dà qì wǎn chéng] : 오랜 시간과 많은 노력을 들인 뒤에 큰 인물이 됨
打草惊蛇[dǎ cǎo jīng shé] : 풀을 베어 뱀을 놀라게 하다, 긁어 부스럼 만들다
戴绿帽子[dài lǜ mào zi] : 바람피우는 아내, 아내가 바람이 나다
单相思[dān xiāng sī] : 짝사랑
倒胃口[dào wèi kǒu] : 느끼해서 비위에 거슬리다, 물리다
倒插门[dào chā mén] : 데릴사위
得心应手[dé xīn yìng shǒu] : 기술이 매우 매끄럽고 숙련되다, 숙련된 기술
得过且过[dé guò qiě guò] : 그 날 그날 살아가다
吊胃口[diào wèi kǒu] : 식욕을 돋구다
丁是丁卯是卯[dīng shì dīng mǎo shì mǎo] : 꼼꼼하게 일함, 매우 꼼꼼함
丢饭碗[diū fàn wǎn] : 일자리를 잃다, 밥그릇을 잃다
动肝火[dòng gān huǒ] : 화를 내다, 성을 내다
逗嘴皮子[dòu zuǐ pí zi] : 이러쿵저러쿵 잡담하다
断香火[duàn xiāng huǒ] : 대가 끊어지다
对牛弹琴[duì niú tàn qín] : 어리석은 사람에게 깊은 이치를 말해줘도 소용없음, 마이동풍
耳旁风[ěr páng fēng] : 흘려듣다, 귀담아 듣지 않다
发神经[fā shén jīng] : 미친 것처럼 행동하다, 정신 나간 사람처럼 행동하다
飞短流长[fēi duǎn liú cháng] : 낭설을 퍼뜨려 다른 사람을 중상하다
分道扬镳[fēn dào yáng biāo] : 제 갈 길로 가다
风马牛不相及[fēng mǎ niú bù xiāng jí] : 서로 아무런 관계가 없음
凤毛麟角[fèng máo lín jiǎo] : 봉황의 털과 기린의 뿔, 매우 귀한 것
妇孺皆知[fù rú jiē zhī] : 누구나 다 알다, 여자나 아이들 다 잘 알고 있다
改过自新[gǎi guò zì xīn] : 잘못을 고쳐 새사람이 되다
风凉话[fēng liáng huà] : 비아냥거리는 말

高抬贵手[gāo tái guì shǒu]：봐주다, 용서해 주다
干打雷, 不下雨[gān dǎ léi , bù xià yǔ]：허세만 부리고 실제행동은 하지 않다
赶着鸭子上架＝打鸭子上架[gǎn zhe yā zi shàng jià dǎ yā zi shàng jià]：할 수 없는 일을 억지로 하게 하다
跟屁虫[gēn pì chóng]：다른 사람을 따라 다니기만 하는 사람, 찰거머리
狗头军师[gǒu tóu jūn shī]：뒤에서 나쁜 계책을 꾸미는 사람
高瞻远瞩[gāo zhān yuǎn zhǔ]：멀리 보다
各得其所[gè dé qí suǒ]：모든 사람이나 사물은 적절한 자리가 있다, 각자에게 알맞은 자리를 주다
隔靴搔痒[gé xuē sāo yǎng]：버선 신고 발 긁기, 문제의 본질을 해결(파악)하지 못 하다
功亏一篑[gōng kuī yí kuì]：마무리를 잘하지 못함, 篑[kuì]：광주리
刮目相看[guā mù xiāng kàn]：눈을 비비고 자세히 보다, 놀라운 변화, 괄목상대
过来人[guò lái rén]：베테랑, 경험자
过门不入[guò mén bù rù]：사사로움에 얽매이지 않고 공무에 충실함, 멸사봉공
管鲍之交[guǎn bào zhī jiāo]：두터운 우정(중국 제나라의 관중과 포숙의 우정)

dì kè
第7课　cǐ dì wú yín sān bǎi liǎng
此地无银三百两

gǔ shí hòu yǒu ge jiào zhāng sān de rén tā fèi le hǎo dà de jìnr
古时候，有个叫张三的人，他费了好大的劲儿，
cái jī zǎn le sān bǎi liǎng yín zi xīn li hěn gāo xìng dàn tā zǒng shì pà
才积攒了三百两银子，心里很高兴。但他总是怕
bié rén tōu qù jiù zhǎo le yì zhī xiāng zi bǎ sān bǎi liǎng yín zi zhuāng zài
别人偷去，就找了一只箱子，把三百两银子装在
xiāngzhōng rán hòu mái zài wū hòu dì xià kě shì tā hái shì bú fàng xīn
箱中，然后埋在屋后地下。可是他还是不放心，
pà bié rén dào zhèr lái wā yú shì jiù xiǎng le yí ge qiǎo miào de bàn
怕别人到这儿来挖，于是就想了一个巧妙的办
fǎ zài zhǐ zhāngshàng xiě dào cǐ dì wú yín sān bǎi liǎng qī ge zì tiē
法，在纸张上写道："此地无银三百两"七个字，贴
zài qiángshang zhè cái fàng xīn de zǒu le shuí zhī dào tā de jǔ dòng dōu
在墙上，这才放心地走了。谁知道他的举动，都
bèi gé bì de wáng èr kàn dao le bàn yè wáng èr bǎ sān bǎi liǎng yín zi
被隔壁的王二看到了。半夜，王二把三百两银子
quán tōu zǒu le wèi le bù ràng zhāng sān zhī dào tā zài yì zhāng zhǐ shang xiě
全偷走了。为了不让张三知道，他在一张纸上写
dào gé bì wáng èr bù céng tōu tiē zài qiángshàng zhāng sān dì èr tiān
道："隔壁王二不曾偷"贴在墙上。张三第二天
zǎo shàng qǐ lái dào wū hòu qù kàn yín zi yín zi bú jiàn le yí jiàn zhǐ
早上起来，到屋后去看银子，银子不见了，一见纸

tiáo　cái huǎng rán dà wù
条，才恍然大悟。

단어정리

此地[cǐ dì]：이 곳
银[yín]：돈
费劲儿[fèi jìnr]：힘쓰다
积攒[jī zǎn]：조금씩 모으다
总是[zǒng shì]：늘, 줄곧, 언제나
怕[pà]：근심하다, 염려하다, 걱정이 되다
偷[tōu]：훔치다, 도둑질하다
箱子[xiāng zi]：상자
装[zhuāng]：놓다, 두다
埋[mái]：묻다, 파묻다
放心[fàng xīn]：마음을 놓다
巧妙[qiǎo miào]：(방법이나 기술 등이) 교묘하다
贴[tiē]：붙이다
举动[jǔ dòng]：거동, 행동
隔壁[gé bì]：이웃, 이웃집, 옆방
半夜[bàn yè]：한밤중, 심야
不曾[bù céng]：일찍이 …한 적이 없다
恍然大悟[huǎng rán dà wù]：문득 크게 깨닫다

习题[xí tí]

1. 张三和王二是什么关系？
2. 张三是怎样知道钱是谁偷的？

정답
1. 邻居
2. "隔壁王二没有偷"从这句话看出来的

第一篇 成语故事阅读

dì kè yǐn láng rù shì

第8课 引狼入室

yǒu ge mù yáng rén zài shān gǔ li fàng yáng tā kàn jiàn yuǎn yuǎn de yǒu zhī
有个牧羊人在山谷里放羊。他看见远远地有只
láng gēn zhe jiù shí kè dī fáng zhe jǐ gè yuè guò qù le láng zhǐ shì
狼跟着，就时刻提防着。几个月过去了，狼只是
yuǎn yuǎn de gēn zhe bìng méi yǒu kào jìn yáng qún gèng méi yǒu shāng hài yī zhī
远远地跟着，并没有靠近羊群，更没有伤害一只
yáng mù yáng rén jiàn jiàn de duì láng fàng sōng le jiè xīn hòu lái mù yáng
羊。牧羊人渐渐地对狼放松了戒心。后来，牧羊
rén jué dé láng gēn zài yáng qún hòu miàn yǒu hǎo chù bú yòng zài dī fáng bié de
人觉得狼跟在羊群后面有好处，不用再提防别的
yě shòu le zài hòu lái tā suǒ xìng bǎ láng dāng chéng le mù yáng gǒu jiào
野兽了。再后来，他索性把狼当成了牧羊狗，叫
tā kān guǎn yáng qún mù yáng rén jiàn láng bǎ yáng guǎn de hěn hǎo xīn li xiǎng
它看管羊群。牧羊人见狼把羊管得很好，心里想，
rén men dōu shuō láng zuì huài wǒ kàn bú jiàn dé yǒu yì tiān mù yáng rén
人们都说狼最坏，我看不见得… 有一天，牧羊人
yǒu shì yào jìn chéng qù jiù bǎ yáng qún tuō láng kān guǎn láng dā ying le
有事要进城去，就把羊群托狼看管，狼答应了。
láng gū jì mù yáng rén yǐ jīng jìn chéng le jiù chòng zhe shān lín zhōng dà shēng háo
狼估计牧羊人已经进城了，就冲着山林中大声嚎
jiào le jǐ shēng tā de háo jiào shēng yǐn lái le xǔ xǔ duō duō dà dà xiǎo
叫了几声。它的嚎叫声引来了许许多多，大大小

xiǎo de láng nà qún yángquán bèi láng chī diào le mù yáng rén bù liǎo jiě láng
小的狼。那群羊全被狼吃掉了。牧羊人不了解狼

de běn xìng bèi láng de wěi shàn qī piàn le zhè piān yù yán xuǎn zì luó lǐ láng
的本性，被狼的伪善欺骗了。这篇寓言选自《罗李郎》

단어정리

牧羊人[mù yáng rén] : 양치기, 양치는 사람
山谷[shān gǔ] : 산골짜기
放羊[fàng yáng] : 양을 방목하다, 양을 치다
狼[láng] : 늑대, 이리
跟着[gēn zhe] : 따라가다, 좇아가다
时刻[shí kè] : 늘. 언제나. 항상
提防[dī fáng] : 조심하다, 정신 차리다, 방비하다
靠近[kào jìn] : 가까이 다가가다, 접근하다
伤害[shāng hài] : 상처를 주다, 손해를 입히다
放松[fàng sōng] : 늦추다, 느슨하게 하다
戒心[jiè xīn] : 경계심
野兽[yě shòu] : 야수
索性[suǒ xìng] : 차라리, 아예
看管[kān guǎn] : 돌보다, 맡아보다, 관리하다
不见得~[bú jiàn dé] : 반드시~라고는 할 수 없다,~라고는 생각되지 않다, 그런 것 같지 않다
托[tuō] : 부탁하다
估计[gū jì] : 예측하다, 추산하다
冲着~[chòng zhe] : ~를 향하여
嚎叫[háo jiào] : 큰소리로 외치다
了解[liǎo jiě] : 알다, 이해하다
本性[běn xìng] : 본성
伪善[wěi shàn] : 위선적이다
欺骗[qī piàn] : 기만하다, 속이다

第一篇 成语故事阅读

习题[xí tí]

1. 狼是怎样博取牧羊人的信任的？
2. 期初时狼为什么没有吃羊？

정답

1. 狼只是远远的跟在羊群后面，没有伤害一只羊.
2. 为了让牧羊人相信自己不会吃羊.

dì kè yǐ mào qǔ rén

第9课 以貌取人

kǒng zǐ yǒu xǔ xǔ duō duō dì zǐ, qí zhōng yǒu yí gè míng jiào zǎi yǔ de,
孔子有许许多多弟子，其中有一个名叫宰予的，
néng shuō huì dào, tā kāi shǐ gěi kǒng zǐ de yìn xiàng bú cuò, dàn hòu lái jiàn
能说会道，他开始给孔子的印象不错，但后来渐
jiàn de lòu chū le zhēn xiàng: jì wú rén dé yòu shí fēn lǎn duò; dà bái
渐地露出了真相：既无仁德又十分懒惰；大白
tiān bù dú shū tīng jiǎng, tǎng zài chuáng shàng shuì dà jiào. wèi cǐ, kǒng zǐ mà
天不读书听讲，躺在床上睡大觉。为此，孔子骂
tā shì "xiǔ mù bù kě diāo". kǒng zǐ de lìng yī gè dì zǐ, jiào dàn tái
他是"朽木不可雕"。孔子的另一个弟子，叫澹台
miè míng, shì lǔ guó rén, bǐ kǒng zǐ xiǎo sān shí jiǔ suì. tā de tǐ tài
灭明，是鲁国人，比孔子小三十九岁。他的体态
hé xiàng mào hěn chǒu lòu, què xiǎng yào chéng wéi kǒng zǐ de xué shēng. kǒng zǐ kāi
和相貌很丑陋，却想要成为孔子的学生。孔子开
shǐ rèn wéi tā zī zhì dī xià, bú huì chéng cái. dàn tā cóng shī xué xí hòu,
始认为他资质低下，不会成才。但他从师学习后，
zhì lì yú xiū shēn shí jiàn, chǔ shì guāng míng zhèng dà, bù zǒu xié lù. hòu
致力于修身实践，处事光明正大，不走邪路。后
lái, dàn tái miè míng yóu lì dào cháng jiāng, gēn suí tā de dì zǐ yǒu sān bǎi
来，澹台灭明游历到长江，跟随他的弟子有三百
rén, shēng yù hěn gāo gè zhū hóu guó dōu chuán sòng tā de míng zì. kǒng zǐ tīng
人，声誉很高各诸侯国都传诵他的名字。孔子听

第一篇 成语故事阅读

shuō le zhè jiàn shì gǎn kǎi tā shuō wǒ zhī píng yán cí pàn duàn rén pǐn zhì
说了这件事，感慨他说：“我只凭言辞判断人品质

néng lì de hǎo huài jié guǒ duì zǎi yǔ de pàn duàn jiù cuò le wǒ zhī píng xiàng
能力的好坏，结果对宰予的判断就错了；我只凭相

mào pàn duàn rén pǐn zhì néng lì de hǎo huài jié guǒ duì zǐ yǔ de pàn duàn yòu
貌判断人品质能力的好坏，结果对子羽的判断又

cuò le
错了”。

zhè piān yù yán xuǎn zì shǐ jì zhòng ní dì zǐ liè zhuàn
这篇寓言选自≪史记·仲尼弟子列传≫

단어정리

弟子[dì zǐ] : 제자
能说会道[néng shuō huì dào] : 말솜씨가 좋다, 말이 능란하다
印象[yìn xiàng] : 인상
露出[lòu chū] : 드러내다, 노출시키다
真相[zhēn xiàng] : 본 모습, 진상, 진면목
仁德[rén dé] : 덕, 인덕
懒惰[lǎn duò] : 게으르다
朽木[xiǔ mù] : 썩은 나무
丑陋[chǒu lòu] : 용모(容貌)나 모양이 추하다
资质[zī zhì] : 자질, 성질
致力于[zhì lì yú] : ~에 진력하다,~에 힘쓰다
修身[xiū shēn] : 수신(하다), 수양하다
处事[chǔ shì] : 일처리하다
光明正大[guāng míng zhèng dà] : 공평무사하다
邪路[xié lù] : 잘못된 길
游历[yóu lì] : 두루 돌아다니다
声誉[shēng yù] : 명성
凭~[píng] : 의지(의거)하다, 근거하다, 아무리~한다 해도
诸侯[zhū hóu] : 제후
传诵[chuán sòng] : 사람의 입에서 입으로 전해지다, 전송되다
感慨[gǎn kǎi] : 감매무량하다, 감탄하다
相貌[xiàng mào] : 용모
子羽[zǐ yǔ] : 담대멸명의 호

习题[xí tí]

1. 宰予的真实性格？
2. 澹台灭明的真实性格？

정답

1. 既无仁德，又十分懒惰.
2. 处事光明正大，不走邪路.

常用的成语, 熟语, 俗语 3

旱鸭子[hàn yā zi] : (비유) 수영을 전혀 못하는 사람, 맥주병
汗牛充栋[hàn niú chōng dòng] : 장서가 매우 많음, 관련 자료가 많음
和事老[hé shì lǎo] : 중재인
喝西北风[hē xī běi fēng] : 굶주리다
黑客[hēi kè] : 해커
黑市[hēi shì] : 암시장
黑名单[hēi míng dān] : 블랙리스트, 감시대상 명단, 요주의자 명단
恨铁不成钢[hèn tiě bù chéng gāng] : 훌륭한 인재가 되지 못함을 안타까워하다
横挑鼻子竖挑眼[héng tiāo bí zi shù tiāo yǎn] : 까다롭게 굴다, 남의 흠을 들추어 흉보다
红人[hóng rén] : 인기있는 사람, 행운아
心怀鬼胎[xīn huái guǐ tāi] : 속사정이 있다
后来居上[hòu lái jū shàng] : 추월하여 따라잡다, 후배가 선배를 앞서다
后顾之忧[hòu gù zhī yōu] : 뒷걱정, 뒷근심
花冤枉钱[huā yuān wang qián] : 헛돈을 마구 쓰다
画蛇添足[huà shé tiān zú] : 사족, 뱀을 그리는 데 발을 더하다
话不投机[huà bù tóu jī] : 뜻이 서로 일치되지 않다, 말이 통하지 않다
或多或少[huò duō huò shǎo] : 다소 간, 많거나 적거나
或先或后[huò xiān huò hòu] : 앞서거니 뒷서거니
胡说八道[hú shuō bā dào] : 허튼소리하다
胡思乱想[hú sī luàn xiǎng] : 터무니없는 생각을 하다, 허튼 생각을 하다
胡作非为[hú zuò fēi wéi] : 제멋대로 나쁜 짓을 하다
家常便饭[jiā cháng biàn fàn] : 평상시 집에서 먹는 음식
假惺惺[jiǎ xīng xīng] : 겉치레하는 모습, 표면적으로 호의적인 모습, 위선적인 모습
交际花[jiāo jì huā] : 활동적인 여자, 발 넓은 여자
家喻户晓[jiā yù hù xiǎo] = 家家都知道[jiā jiā dōu zhī dào] : 누구나 다 알다, 어느 집이나 다 알다
急得像热锅上的蚂蚁[jí de xiàng rè guō shàng de mǎ yǐ] : 화급을 다투는 상황, 발 등에 불이 떨어지다
鸡鸣狗盗[jī míng gǒu dào] : 보잘 것 없는 기술(재주)
既往不咎[jì wǎng bú jiù] : 과거를 묻지 않다, 과오를 나무라지 않다

竭泽而渔[jié zé ér yú] : 늪을 말려 고기를 잡다, 눈앞의 이익만 생각하다, 가혹하게 착취하다
锦囊妙计[jǐn náng miào jì] : 절묘한 계책
金兰之交[jīn lán zhī jiāo] : 끈끈하고 아름다운 친구 사이
进退维谷[jìn tuì wéi gǔ] : 나가지도 물러서지도 못할 난감한 처지
精打细算[jīng dǎ xì suàn] : 꼼꼼하게 따지다, 면밀하게 계산하다
敬而远之[jìng ér yuǎn zhī] : 겉으로는 존경하는 체하나 마음으로는 멀리함
九牛一毛[jiǔ niú yī máo] : 보잘 것 없음, 아무 것도 아님
举足轻重[jǔ zú qīng zhòng] : 작은 행동이 큰 영향을 미치다
举世瞩目[jǔ shì zhǔ mù] : 모두가 주목하다
举棋不定[jǔ qí bú dìng] : 고심하다, 바둑돌을 손에 쥐고 어디에 둘지 망설이다
卷土重来[juǎn tǔ chóng lái] : 빼앗긴 땅을 다시 찾다, 옛 것을 회복함
开场白[kāi chǎng bái] : (연극이나 공연의) 개막사
开小灶[kāi xiǎo zào] : 특혜를 주다
开夜车[kāi yè chē] : 밤새워 일하다, 밤새워 공부하다
看不起[kàn bu qǐ] : 무시하다, 깔보다
看家狗[kān jiā gǒu] : 문 지키는 개(옛날에 관료와 지주 등의 집안을 관리하던 사람을 욕하는 말로 주로 쓰였음).
看人下菜碟[kàn rén xià cài dié] : 차별하여 대하다, 사람을 보고 요리접시를 내놓다
克勤克俭[kè qín kè jiǎn] : 부지런하고 알뜰하게 재물을 아끼다
抠门儿[kōu mén er] : 인색(吝嗇)하다, 쩨쩨하다, 박하다
空穴来风[kōng xué lái fēng] : 구실을 주다, 아니 땐 굴뚝에 연기나랴
口蜜腹剑[kǒu mì fù jiàn] : 겉으로는 잘해 주고 뒤에서 해치려 함
旷日持久[kuàng rì chí jiǔ] : 오랜 동안 헛되이 시간을 보내다
老顽固[lǎo wán gù] : 고집장이
乐不可支[lè bù kě zhī] : 기쁨이 극에 달하다, 기쁘기 그지없다, 기쁘기 한량없다
乐此不疲[lè cǐ bù pí] : 즐거워 피곤함을 모르다
乐不思蜀[lè bù sī shǔ] : 새 환경에 빠져 예전으로 다시 돌아가고 싶지 않음
力所能及[lì suǒ néng jí] : 능력 범위 내에 있는, 할 수 있는
两把刷子[liǎng bǎ shuā zi] : 재능이나 솜씨가 대단함
留一手[liú yì shǒu] : 중요한 비법을(다른 사람에게 전수하지 않고) 남겨 두다
力不从心[lì bù cóng xīn] : 마음은 있으나 힘이나 능력이 따라주지 못하다
两全其美[liǎng quán qí měi] : 쌍방이 다 좋게 하다
恋恋不舍[liàn liàn bù shě] : 헤어지기를 아쉬워하다

梁上君子[liáng shàng jūn zi]：도둑
寥寥无几[liáo liáo wú jǐ]：아주 드문, 아주 적은
流言蜚语[liú yán fēi yǔ]：근거 없는 소문
戮力同心[lù lì tóng xīn]：마음을 하나로 모으다
屡见不鲜[lǚ jiàn bù xiān]：흔하다, 새롭지 않다
乱七八糟[luàn qī bā zāo]：뒤죽박죽, 난장판, 엉망진창
鹿死谁手[lù sǐ shuí shǒu]：누가 최후의 승자인지 모름
落花流水[luò huā liú shuǐ]：쇠락
马大哈[mǎ dà hā]：건성꾼, 털털이
马屁精[mǎ pì jīng]：비위를 맞추는 사람, 아부꾼, 아첨꾼
每况愈下[měi kuàng yù xià]：날로 악화되다
没那么便宜[méi nà me pián yi]：그렇게는 안 돼, 어림없는 소리
没门儿[méi ménr]：가망이 없다, 방법이 없다
没完没了[méi wán méi liǎo]：끝이 없음
门面话[mén miàn huà]：입에 발린 소리, 겉치레 말
门庭若市[mén tíng ruò shì]：문전성시, 찾아오는 사람이 많음
蒙古大夫[méng gǔ dài fū]：돌팔이 의사
名列前茅[míng liè qián máo]：석차가 상위권이다, 서열이 앞에 있다
明目张胆[míng mù zhāng dǎn]：노골적으로, 공공연하게
墨迹未干[mò jì wèi gān]＝墨汁未干[mò zhī wèi gàn]：잉크가 마르기도 전에
目不见睫[mù bú jiàn jié]：자신의 약점을 모름, 자신의 눈에는 속눈썹이 보이지 않다
明哲保身[míng zhé bǎo shēn]：이치에 밝고 도리에 맞는 행동으로 자신을 잘 보전함
难能可贵[nán néng kě guì]：매우 귀중함

dì kè 第10课　yī máo bù bá 一毛不拔

gǔ dài yǒu ge fù wēng dà jiā dōu jiào tā liù shū tā shí fēn lìn sè
古代有个富翁，大家都叫他六叔，他十分吝啬。
yóu yú tā zhěng tiān pán bō qióng rén lèi de bìng dǎo le chà yì diǎn sǐ guò
由于他整天盘剥穷人，累得病倒了，差一点死过
qù sān tiān hòu tā shāo shāo qīng xǐng le yí xià kàn jiàn wū li jǐ mǎn
去。三天后，他稍稍清醒了一下，看见屋里挤满
le sòng zhōng de qīn yǒu tā xiǎng yào biǎo shì shén me tā de dà zhí shuō
了送终的亲友，他想要表示什么。他的大侄说：
liù shū shì bù shì hái yǒu liǎng ge qīn rén méi jiàn miàn tā yáo yáo tóu
“六叔，是不是还有两个亲人没见面？”他摇摇头。
èr zhí wèn shì bù shì yǒu bǐ yín zi fàng zài nǎ lǐ bù céng jiāo dài
二侄问：“是不是有笔银子放在哪里，不曾交代？”
hái shì tā qī zǐ míng bai kàn jiàn liǎng gēn dēng xīn tóng shí diǎn rán jiù xī miè
还是他妻子明白，看见两根灯芯同时点燃，就熄灭
le yì gēn zhè shí liù shū cái wēi wēi shū le yì kǒu qì tū rán kuài duàn
了一根。这时六叔才微微舒了一口气。突然，快断
qì de liù shū liú zhe lèi còu jìn qī zi de ěr duo xiǎng gēn tā shuō huà
气的六叔流着泪，凑近妻子的耳朵，想跟她说话。
tā shuō wǒ sǐ hòu kě bǎ wǒ liú xià de liǎng zhāng biàn zhǐ fēn gěi qián lái
他说：我死后，“可把我留下的两张便纸分给前来
dài xiào de qīn qī wǒ sǐ hòu bié yòng guān cai lái chéng wǒ wā ge
带孝的亲戚”。“我死后，别用棺材来盛我，挖个

kēng bǎ wǒ mái le wǒ sǐ hòu bú yào qǐng hé shàng niàn jīng zài huáng quán
坑，把我埋了。我死后，不要请和尚念经，在黄泉

xià zì jǐ huì niàn jīng de
下自己会念经的”。

wǒ sǐ hòu bǎ wǒ de pí bō xià lái mài gěi pí jiàng bǎ wǒ de
“我死后，把我的皮剥下来，卖给皮匠；把我的

máo bá xià lái mài gěi zuò shuā zi de rén yī gēn bié diū le
毛拔下来卖给做刷子的人，一根别丢了……”

zhè piān yù yán xuǎn zì mèng zǐ jìn xīn shàng
这篇寓言选自≪孟子·尽心上≫

단어정리

十分[shí fēn] : 매우
吝啬[lìn sè] : 인색(하다)
盘剥[pán bō] : 가혹하게 착취하다
差一点[chà yì diǎn] : 하마터면~할 뻔하다, 거의~하다
稍稍[shāo shāo] : 잠시, 약간
清醒[qīng xǐng] : 정신을 차리다, 깨어나다
挤满[jǐ mǎn] : 가득 차다
送终[sòng zhōng] : (부모나 연장자의) 임종을 지키다, 장례를 치르다
亲人[qīn rén] : 친척
大侄[dà zhí] : 큰조카
不曾[bù céng] : 일찍이~않다
摇头[yáo tóu] : 고개를 흔들다 ↔ 点头[diǎn tóu] : 고개를 끄덕이다
交代[jiāo dài] : 분부하다, 당부하다, 부탁하다
灯芯[dēng xīn] : 등잔의 심
点燃[diǎn rán] : 불을 붙이다
熄灭[xī miè] : (불을) 끄다, (불이) 꺼지다
舒了一口气[shū le yì kǒu qì] : 한숨을 쉬다
断气[duàn qì] : 숨이 끊어지다, 죽다
凑近[còu jìn] : 접근하다, 가까이 다가서다
便纸[biàn zhǐ] : 휴지

带孝[dài xiào] : 조상하다, 조문하다
棺材[guān cai] : 관, 널
坑[kēng] : 구멍, 구덩이
盛[chéng] : 담다, 수용하다, 盛[shèng] : 성대하다, 왕성하다
埋[mái] : 묻다, 파묻다
念经[niàn jīng] : 독경하다
黄泉[huáng quán] : 황천, 저승
皮[pí] : 피부, 살갗, (동물의) 가죽
剥[bō] : (가죽·껍질 따위를) 벗기다
皮匠[pí jiàng] : 구두장이
毛[máo] : 털
拔[bá] : 뽑다, 빼다, 拨[bō] : 벗기다, 가르다, 젓다
刷子[shuā zi] : 솔
丢[diū] : 잃다

习题[xí tí]

1. 六叔的人物性格？
2. 六叔第一次苏醒时，妻子为他做了什么他才微微舒了口气？

정답

1. 非常吝啬
2. 把两根同时点燃的灯芯熄灭了一个.

dì kè yǎn ěr dào líng

第11课 掩耳盗铃

chūn qiū shí hòu yǒu rén pǎo dào fàn shì jiā li xiǎng tōu diǎn dōng xī kàn jiàn
春秋时侯有人跑到范氏家里想偷点东西，看见
yuàn zi lǐ diào zhe yì kǒu dà zhōng zhōng de zào xíng hé tú àn dōu hěn jīng měi
院子里吊着一口大钟。钟的造型和图案都很精美。
xiǎo tōu xīn lǐ gāo xìng jí le xiǎng bǎ dà zhōng bēi huí zì yǐ jiā qù kě
小偷心里高兴极了，想把大钟背回自已家去。可
shì zhōng yòu dà yòu zhòng zěn me yě nuó bù dòng tā xiǎng lái xiǎng qù zhī
是钟又大又重，怎么也挪不动。他想来想去，只
yǒu yí gè bàn fǎ nà jiù shì bǎ zhōng qiāo suì rán hòu zài fēn bié bān huí
有一个办法，那就是把钟敲碎，然后再分别搬回
jiā yú shì xiǎo tōu zhǎo lái yì bǎ dà chuí pīn mìng cháo zhōng zá qù guāng de
家。于是小偷找来一把大锤，拼命朝钟砸去，咣的
yì shēng jù xiǎng xiǎo tōu xīn xiǎng zhè xià zāo le zhè zhōng shēng bú jiù děng yú
一声巨响。小偷心想这下糟了。这钟声不就等于
shì gào sù rén men wǒ zhèng zài zhè li tōu zhōng ma tā xīn lǐ yì jí shēn
是告诉人们我正在这里偷钟吗？他心里一急，身
zi yí xià zi pū dào le zhōng shàng zhāng kāi shuāng bì xiǎng wǔ zhù zhōng shēng kě
子一下子扑到了钟上，张开双臂想捂住钟声，可
zhōng shēng yòu zěn me wǔ de zhù ne
钟声又怎么捂得住呢！

zhōng shēng yī rán yōu yōu de chuán xiàng yuǎn fāng tā yuè tīng yuè hài pà bù
钟声依然悠悠地传向远方。他越听越害怕，不

yóu de yòng shuāng shǒu shǐ jìn wǔ zhù zì jǐ de ěr duo "yí zhōng shēng biàn xiǎo
由地用双手使劲捂住自己的耳朵。"咦，钟声变小

le tīng bù jiàn le
了，听不见了!"

xiǎo tōu gāo xìng qǐ lái xīn lǐ xiǎng "miào jí le bǎ ěr duo wǔ zhù
小偷高兴起来，心里想："妙极了! 把耳朵捂住

jiù tīng bú jìn zhōng shēng le liǎng ge bù tuán bǎ ěr duo sāi zhù zhè xià shuí
就听不进钟声了! 两个布团，把耳朵塞住，这下谁

yě tīng bú jiàn zhōng shēng le yú shì jiù fàng xīn de zá qǐ zhōng lái yí xià
也听不见钟声了."于是就放心地砸起钟来，一下

yí xià zhōng shēng xiǎng liàng de chuán dào hěn yuǎn de dì fāng rén men tīng dào zhōng
一下，钟声响亮地传到很远的地方。人们听到钟

shēng fēng yōng ér zhì bǎ xiǎo tōu zhuō zhù le
声蜂拥而至把小偷捉住了。

zhè piān yù yán xuǎn zì lǚ shì chūn qiū zì zhī
这篇寓言选自≪吕氏春秋·自知≫

단어정리

院子[yuàn zi]：뜰, 정원
吊[diào]：걸다, 매달다
大钟[dà zhōng]：큰 종
造型[zào xíng]：조형, 형태, 모양
图案[tú àn]：도안
精美[jīng měi]：정치하다, 세밀하다
又~ 又…[yòu~yòu]：~하기도 하고 …하기도 하다
背[bèi]：외우다, 짊어지다
挪[nuó]：옮기다, 움직이다
想来想去[xiǎng lái xiǎng qù]：이리저리 생각해보다.
敲碎[qiāo suì]：깨지다, 깨뜨리다
分别[fēn bié]：각각, 따로따로
搬[bān]：나르다
大锤[dà chuí]：큰 망치
使劲[shǐ jìn]：힘쓰다, 애쓰다

拼命[pīn mìng] : 힘껏, 온 힘을 다해서
朝[cháo] : ~을 향하여
砸[zá] : 때려 부수다, 깨뜨리다
巨响[jù xiǎng] : 큰[굉장한] (울림) 소리
糟了[zāo le] : 망쳤다! 글렀다
一下子[yí xià zi] : 갑자기, 단번에
扑[pū] : 뛰어들다, 돌진하다
张开[zhāng kāi] : 열다, 벌리다, 펼치다
捂住[wǔ zhù] : 단단히[꽉] 가리다[막다]
布团[bù tuán] : 헝겊 조각, 천 조각
依然[yī rán] : 여전히
越~ 越 …[yuè~ yuè] : ~할수록 …하다
不由地[bù yóu de] : 저도 모르게, 자연히
塞住[sāi zhù] : 틀어막다, 밀폐하다
响亮[xiǎng liàng] : 우렁차다
立刻[lì kè] : 즉시
悠悠地[yōu yōu de] : 멀리, 유유하게, 침착하게
放心[fàng xīn] : 마음을 놓다
蜂拥[fēng yōng] : 벌떼처럼 붐비다
蜂拥而至[fēng yōng ér zhì] : 벌떼처럼 몰려오다
小偷[xiǎo tōu] : 도둑, 도적
捉住[zhuō zhù] : 붙잡다, 체포하다

习题[xí tí]

1. 小偷想到的"妙计"是什么？
2. 小偷是否成功的偷走了大钟？

정답

1. 用两个布团堵住了耳朵，这样就听不见钟声了.
2. 没有

第12课 自相矛盾

楚国有个人在集市上既卖盾又卖矛，为了使自己的商品尽快出手，他不惜言过其实地高声叫卖。他首先举起了手中的盾，向着过往行人吹嘘：“请瞧我手上的这块盾牌，这可是用上好的材料造的好盾呀，质地特别坚固，任凭您用什么锋利的矛也不可能戳穿它！”一番话说得人们纷纷围拢过来，仔细观看。接着，这个人又拿起了靠在墙根的矛，更加肆无忌惮地夸口：“再请看我手上的这根长矛，它可是经过千锤百炼打制出来的好矛呀，矛头特别锋利，不论您用如何坚固的盾来抵挡，也会被我的矛戳穿！”此番大话一出口，听的人个个

mù dèng kǒu dāi guò le yí huì er zhī jiàn rén qún zhōng zhàn chū lái yí gè
目瞪口呆。过了一会儿，只见人群中站出来一个

rén zhǐ zhe nà ge rén wèn dào nǐ gāng cái shuō nǐ de dùn jiān gù wú
人，指着那个人问道：你刚才说，你的盾坚固无

bǐ wú lùn shén me máo dōu bù néng chuō chuān ér nǐ de máo yòu shì fēng lì
比，无论什么矛都不能戳穿；而你的矛又是锋利

wú shuāng wú lùn shén me dùn dōu bù kě dǐ dǎng nà me qǐng wèn rú guǒ wǒ
无双，无论什么盾都不可抵挡。那么请问：如果我

yòng nǐ de máo lái chuō nǐ de dùn jié guǒ yòu jiāng rú hé chǔ rén tīng le
用你的矛来戳你的盾，结果又将如何?”楚人听了，

wú yán yǐ duì zhǐ hǎo zhǎng hóng zhe liǎn huī liū liū de táo lí le jí
无言以对，只好涨红着脸，灰溜溜地逃离了集

shì
市。

zhè piān yù yán xuǎn zì hán fēi zǐ yī
这篇寓言选自《韩非子·一》

단어정리

集市[jí shì] : (농촌이나 소도시의) 자연 시장. 장
既~ 又… [jì yòu] : ~뿐만 아니라 …도,~하기도 하고 …하기도 하다
盾[dùn] : 방패
矛[máo] : 창
尽快[jìn kuài] : 최대한 빨리
出手[chū shǒu] : 팔려나가다
不惜[bù xī] : ~을 아끼지 않다
言过其实[yán guò qí shí] : 말이 과장되어 사실과 맞지 않다, 사실보다 과장해서 말하다
叫卖[jiào mài] : 소리치며 팔다, 호객하다
首先[shǒu xiān] : 우선, 먼저
过往[guò wǎng] : 왕래하다, 오고 가다
瞧[qiáo] : 바라보다
吹唬[chuī hǔ] : (자신이나 다른 사람을) 추켜세우다, 과장해서 말하다
质地[zhì dì] : 속성, 품질, 재질
坚固[jiān gù] : 견고하다, 튼튼하다

锋利[fēng lì] : 끝이 날카롭다
任凭[rèn píng] : ~을 막론하고
戳穿[chuō chuān] : (뾰족한 것으로) 찔러서 뚫다
纷纷[fēn fēn] : 어수선한, 계속해서
围拢[wéi lǒng] : 에워싸다, 주위에 모여들다
墙根[qiáng gēn] : 담밑, 墙头 : 담 꼭대기
更加[gèng jiā] : 훨씬 더~하다
肆无忌惮[sì wú jì dàn] : 방자하여 거리낌 없다
夸口[kuā kǒu] : 허풍떨다
千锤百炼[qiān chuí bǎi liàn] : 단련에 단련을 거듭하다
打制[dǎ zhì] : (금속이나 돌로) 만들다
抵挡[dǐ dǎng] : 저항하다, 방지하다
目瞪口呆[mù dèng kǒu dāi] : 눈을 크게 뜨고 입을 벌리다. 어안이 벙벙하다
无比[wú bǐ] : 비할 바가 없다
无双[wú shuāng] : 비할 바가 없다
无言以对[wú yán yǐ duì] : 할 말이 없다
只好[zhǐ hǎo] : ~할 수밖에 없다
涨红[zhǎng hóng] : (부끄럽거나 성이 나서) 얼굴이 붉어지다
灰溜溜[huī liū liū] : 풀이 죽다, 기가 죽다
逃离[táo lí] : 도망하다

习题[xí tí]

1. 商人在市集上是否卖掉了矛和盾？
2. 商人有没有按照路人说得用自己的矛去戳自己的盾？

정답

1. 没有
2. 没有

常用的成语, 熟语, 俗语 4

难兄难弟[nàn xiōng nàn dì] : 난형난제, 막상막하
南柯一梦[nán kē yī mèng] : 한때의 헛된 부귀와 영화, 부질없는 꿈
内行[nèi háng] : 전문가
弄巧成拙[nòng qiǎo chéng zhuó] : 잔 재주를 부려 일을 망치다
牛皮大王[niú pí dà wáng] : 허풍선이, 허풍장이
旁若无人[páng ruò wú rén] : 마음대로 행동함, 제멋대로 행동함
拍马屁[pāi mǎ pì] : 아부하다
匹夫之勇[pǐ fū zhī yǒng] : 혈기만 믿고 마구 날뛰는 용기
平易近人[píng yì jìn rén] : 접근하기 쉽고 가까워지기 쉬움 또는 그런 사람
破镜重圆[pò jìng chóng yuán] : 갈라진 사이가 다시 하나 되다
旗鼓相当[qí gǔ xiāng dāng] : 막상막하다, 대등하다, 우열에 차이가 없다
七上八下[qī shàng bā xià] : 안절부절하다, 가슴이 두근두근하다
七嘴八舌[qī zuǐ bā shé] : 지껄이다, 야단법석
前所未有[qián suǒ wèi yǒu] : 지금까지 없었음, 미증유의
牵强附会[qiān qiáng fù huì] : 이치에 안 맞는 것을 억지로 합리화 시키려함
巧立名目[qiǎo lì míng mù] : 온갖 명목을 갖다 붙이다, 교묘하게 각종 명분을 내세우다
巧言令色[qiǎo yán lìng sè] : 교묘한 말과 아부하는 얼굴
情不自禁[qíng bù zì jìn] : 저도 모르게, 감정을 억제할 수 없음
权宜之计[quán yí zhī jì] : 임시변통의 계책, 일시적인 대책
犬马之劳[quǎn mǎ zhī láo] : 온갖 노력을 다함, 충성을 다함
人面兽心[rén miàn shòu xīn] : 얼굴은 사람이지만 마음은 야수와 같음
人上有人, 天外有天[rén shàng yǒu rén, tiān wài yǒu tiān] : 뛰는 놈 위에 나는 놈 있다
人微权轻[rén wēi quán qīng] : 지위도 낮고 권한도 작다
忍辱负重[rěn rǔ fù zhòng] : 치욕을 참아가며 중책을 맡다
任重道远[rèn zhòng dào yuǎn] : 할 일은 많고 갈 길은 멀다
日新月异[rì xīn yuè yì] : 나날이 세로워지다, 갈수록 발전하다
如火如荼[rú huǒ rú tú] : 거세다, 기세가 충천하다(荼[tú] : 씀바귀)
如鸟兽散[rú niǎo shòu sàn] : 겁 먹은 새와 짐승처럼 사방으로 도망치다
三句话不离本行[sān jù huà bù lí běn háng] : 제 직업은 속일 수 없다, 제 직업 못 속인다

三令五申[sān lìng wǔ shēn] : 재삼 명령하다, 여러 차례 지시하다
三天打鱼两天晒网 [sān tiān dǎ yú liǎng rì shài wǎng] : 작심삼일
塞翁失马[sài wēng shī mǎ] : 좋은 일과 나쁜 일이 따로 없음, 전화위복, 세옹지마
上下其手[shàng xià qí shǒu] : 암암리에 나쁜 짓을 하다
杀身成仁[shā shēn chéng rén] : 자신을 희생시켜 의로운 일을 행함
杀鸡取卵[shā jī qǔ luǎn] : 성급하여 일을 그르치다, 달걀을 얻기 위하여 암탉을 죽이다
丧门星[sàng mén xīng] : 화를 불러 오는 귀신
煞风景[shà fēng jǐng] : 매우 단조롭고 쓸쓸한 풍경(분위기)
势在必行[shì zài bì xíng] : 꼭 ~해야 할 시기이다, 꼭 필요한 때이다
势利眼[shì lì yǎn] : 권세나 재물에 빌붙는 인간, 간에 붙었다 쓸개에 붙었다 하는 사람
守财奴[shǒu cái nú] : 구두쇠
书呆子[shū dāi zi] : 공부만 알고 세상일에 어두운 사람, 책벌레
说大话[shuō dà huà] : 허풍을 떨다, 호언장담하다, 큰소리치다
私房话[sī fáng huà] : 부부가 침실에서 주고받는 이야기, 베갯머리에서 속삭이는 말
死心眼儿[sǐ xīn yǎn er] : 고지식한 사람, 융통성이 없는 사람
神机妙算[shén jī miào suàn] : 매우 뛰어난 지모
生搬硬套[shēng bān yìng tào] : 남의 것을 그대로 모방하다
时有时无[shí yǒu shí wú] : 있기도 하고 없기도 하다, 있다 없다 하다
首当其冲[shǒu dāng qí chōng] : 맨 먼저 재난을 당하다, 첫 공격 대상이 되다
说曹操，曹操就到[shuō cáo cāo，cáo cāo jiù dào] : 호랑이도 제말 하면 온다
熟能生巧[shú néng shēng qiǎo] : 익숙해지면 비결이나 요령이 생긴다
水火不相容[shuǐ huǒ bù xiāng róng] : 서로 섞일 수 없음, 상극
失魂落魄[shī hún luò pò] : 실의에 빠지다, 혼비백산하다
世外桃源[shì wài táo yuán] : 별천지
四海之内皆兄弟[sì hǎi zhī nèi jiē xiōng dì] : 세계 사람들이 모두 다 형제임, 사해동포주의
贪天之功[tān tiān zhī gōng] : 하늘의 공을 탐내 자기의 공으로 삼다, 자연히 이루어진 일을 자기의 공처럼 여기다
谈虎色变[tán hǔ sè biàn] : 지레 겁을 먹다, 호랑이 이야기만 해도 얼굴빛이 변하다
痛定思痛[tòng dìng sī tòng] : 고통 가운데 교훈을 얻다
同舟共济[tóng zhōu gòng jì] : 서로 합심하다, 협력하다
同甘共苦[tóng gān gòng kǔ] : 괴로움과 즐거움을 함께 하다
替罪羊[tì zuì yáng] : 죄를 대신하는 양, 속죄양
铁公鸡[tiě gōng jī] : 구두쇠, 매우 인색한 사람
伪君子[wěi jūn zǐ] : 위선자

甜言蜜语[tián yán mì yǔ] : 감언이설

天真烂漫[tiān zhēn làn màn] : 꾸밈이나 거짓 없이 타고난 그대로의 성품, 천진난만

徒有虚名[tú yǒu xū míng] : 유명무실, 헛된 명성만 있고 실질이 없음

万事俱备, 只欠东风[wàn shì jù bèi, zhī qiàn dōng fēng] : 다 준비되었는데 한 가지만 모자라다

万全之策[wàn quán zhī cè] : 조금의 허술함도 없는 완전한 계책

亡羊补牢[wáng yáng bǔ láo] : 소 잃고 외양간 고치다

微不足道[wēi bù zú dào] : 보잘 것 없다, 말할 것이 못되다, 하찮다

惟命是听[wéi mìng shì tīng] : 시키는 대로 절대 복종하다

危在旦夕[wēi zài dàn xī] : 매우 위험함

卧薪尝胆[wò xīn cháng dǎn] : 모진 고난을 참아내며 복수(역전)를 준비함

无可厚非[wú kě hòu fēi] : 크게 나무랄 것이 없다

五花八门[wǔ huā bā mén] : 형형색색, 다종다양

无可奈何 [wú kě nai hé] : 속수무책인 상황, 어찌할 도리가 없음, 방법이 없음

无精打采[wú jīng dǎ cǎi] : 기가 죽다, 풀이 죽다

无事不登三宝殿[wú shì bù dēng sān bǎo diàn] : 부탁할 일이 있을 때만 찾다, 아쉬운 일이 있을 때만 찾다

无妄之灾[wú wàng zhī zāi] : 뜻하지 않은 재난 또는 손해

无源之水, 无本之木[wú yuán zhī shuǐ, wú běn zhī mù] : 기반이나 토대가 없음

下笔成章[xià bǐ chéng zhāng] : 능력이 출중함, 붓을 대기만 하면 멋진 문장을 이루다

下马威[xià mǎ wēi] : 시작부터 상대에게 본때를 보이다.

dì kè zhāo sān mù sì
第13课 朝三暮四

sòng guó yǒu ge xǐ huan hóu zi de rén jiā li yǎng le yí dà qún hóu zi
宋国有个喜欢猴子的人,家里养了一大群猴子。
rì zi jiǔ le tā néng gòu liǎo jiě hóu zǐ de yì yuàn hóu zi yě néng dǒng
日子久了,他能够了解猴子的意愿,猴子也能懂
dé zhǔ rén de xīn lǐ tā gèng ài hóu zi le qíng yuàn jié shěng xià jiā rén
得主人的心理。他更爱猴子了,情愿节省下家人
de kǒu liáng yòng lái mǎn zú hóu zi de yào qiú kě shì bù jiǔ tā jiā
的口粮用来满足猴子的要求。可是,不久,他家
lǐ qióng le biàn dǎ suàn xiàn zhì hóu zi de shí liàng yòu pà hóu zi bù tīng huà
里穷了,便打算限制猴子的食量又怕猴子不听话,
jiù gù yì duì hóu zi shuō jīn hòu gěi nǐ men xiàng zǐ chī zǎo shàng sān
就故意对猴子说:“今后给你们橡子吃,早上三
kē wǎn shàng sì kē gòu chī le ma hóu zi men dōu xián zhǔ rén gěi de tài
颗,晚上四颗,够吃了吗?”猴子们都嫌主人给得太
shǎo le yí gè ge zhí lì qǐ lái zī yá liě zuǐ de biǎo shì bù mǎn tā
少了,一个个直立起来,龇牙咧嘴地表示不满。他
mǎ shàng gǎi kǒu shuō jì rán xián shǎo nà jiù gǎi wéi zǎo shàng sì kē wǎn shàng
马上改口说:“既然嫌少,那就改为早上四颗晚上
gěi sān kē ba zhè yàng zǒng gāi mǎn yì le bā hóu zi men yì tīng dōu
给三颗吧!这样,总该满意了吧?”猴子们一听,都
pā zài dì shang biǎo shì mǎn yì
趴在地上表示满意。

zhè piān yù yán xuǎn zì liè zǐ huáng dì
这篇寓言选自《列子·黄帝》

단어정리

猴子[hóu zi] : (꼬리 있는)원숭이
猩猩 : [xīng xing]원숭이
黑猩猩 : [hēi xīng xing]침팬지
大猩猩 : [dà xīng xing] 오랑우탄, 유인원
猿[yuán] : (꼬리 없는) 원숭이, 유인원
养[yǎng] : 기르다
一大群[yī dà qún] : 한 무리
意愿[yì yuàn] : 뜻, 소원
情愿[qíng yuàn] : 뜻, 바라다, 간절히 원하다
懂得[dǒng dé] : (뜻·방법 따위를) 알다, 이해하다
节省[jié shěng] : 아끼다, 절약하다
口粮[kǒu liáng] : 식량
满足[mǎn zú] : 만족시키다
限制[xiàn zhì] : 제한하다, 한정하다
故意[gù yì] : 고의로, 일부러
橡子[xiàng zǐ] : 상수리
嫌[xián] : 싫어하다, 역겨워하다
直立[zhí lì] : 직립하다, 바로 서다
龇牙咧嘴[zī yá liě zuǐ] : 이를 드러내고 입을 일그러뜨리다
改口[gǎi kǒu] : 말투를 바꾸다
既然[jì rán] : ~한 이상
趴[pā] : 엎드리다

习题[xí tí]

1. 这个宋国人爱猴子，爱到什么程度？
2. 在猴子不满后，他是否多给猴子粮食了？

정답

1. 爱猴子爱到情愿节省下家人的口粮，来满足猴子的要求
2. 没有

dì kè
第14课

dào tīng tú shuō
道听途说

qí guó yǒu yí ge rén xìng máo míng kōng zuì xǐ huān jiǎng yì xiē kuā dà bú
齐国有一个人，姓毛名空，最喜欢讲一些夸大不
shí de huà tā suī shuō de tóu tóu shì dào tīng de rén què jué de qián hòu
实的话。他虽说得头头是道，听的人却觉得前后
máo dùn shí fēn kě xiào yǒu yí cì ài xiān shēng cóng chǔ guó lǚ xíng huí
矛盾，十分可笑。有一次，艾先生从楚国旅行回
lái máo kōng qù kàn wàng tā liǎng rén jiù liáo qǐ lái ài xiān shēng shuō
来，毛空去看望他，两人就聊起来。艾先生说：
wǒ zhè yí cì dào chǔ guó qù le hǎo jǐ ge yuè wǒ men guó nèi kě yǒu shén
"我这一次到楚国去了好几个月，我们国内可有什
me xīn wén qǐng nǐ jiǎng yì liǎng jiàn gěi wǒ tīng ting hǎo bu hǎo máo kōng
么新闻？请你讲一两件给我听听，好不好？"毛空
shuō nǐ yào tīng xīn wén nà kě duō de hěn zài jīng chéng jiāo wài de
说："你要听新闻，　那可多得很。在京城郊外的
yí ge nóng jiā yì zhī mǔ jī fū chū lái yì bǎi duō zhī xiǎo jī
一个农家，一只母鸡孵出来一百多只小鸡"。
ài xiān shēng yáo yáo tóu shuō méi yǒu zhè ge dào lǐ nǐ bú yào hú shuō
艾先生摇摇头说："没有这个道理，你不要胡说"。
máo kōng shuō nà dà gài shì liǎng zhī jī fū de ài xiān shēng shuō
毛空说：" 那大概是两只鸡孵的" 。艾先生说：
yě bù kě néng máo kōng shuō nà yě xǔ shì shí zhī jī fū de
"也不可能"。毛空说："那也许是十只鸡孵的"。

ài xiān shēng wèn nǐ wéi shén me bù jiǎn shǎo xiǎo jī de shù mù ér zǒng
艾先生问："你为什么不减少小鸡的数目，而总
shì tiān jiā mǔ jī de shù mù ne máo kōng hěn dé yì de shuō wǒ nìng
是添加母鸡的数目呢?" 毛空很得意的说："我宁
yuàn tiān jiā dà de ér bú yuàn jiǎn shǎo xiǎo de ài xiān shēng hěn bù nài
愿添加大的，而不愿减少小的"。艾先生很不耐
fán de shuō wǒ qǐng wèn nǐ jī de zhǔ rén jiào shén me míng zǐ nǐ néng
烦的说："我请问你，鸡的主人叫什么名子？你能
jǔ chū zhèng jù ma máo kōng shuō nǐ zhè ge rén zhēn sǐ xīn yǎn er mǎ
举出证据吗?" 毛空说："你这个人真死心眼儿，马
lù shàng de rén dōu zhè me shuō nán dào hái huì jiǎ ma
路上的人都这么说，难道还会假吗?"

zhè piān yù yán xuǎn zì lùn yǔ yáng huò dì shí qī
这篇寓言选自《论语·阳货第十七》

단어정리

道听途说[dào tīng tú shuō] : 근거없는 말
夸大不实[kuā dà bù shí] : 과장되다
虽[suī] : 비록, ＝虽然
头头是道[tóu tóu shì dào] : (말이나 행동이) 하나하나 사리에 들어맞다
却[què] : 오히려, 도리어
可笑[kě xiào] : 우습다, 우스꽝스럽다
旅行[lǚ xíng] : 여행(하다)
聊[liáo] : 잡담하다, 이야기 나누다＝聊天[liáo tiān]
新闻[xīn wén] : 새로운 일, 신기한 일, 뉴스
郊外[jiāo wài] : 교외
孵[fū] : 알을 까다, 부화하다
母鸡[mǔ jī] : 암탉
小鸡[xiǎo jī] : 병아리
胡说[hú shuō] : 허튼소리를 하다, 거짓말
大概[dà gài] : 대략
也许[yě xǔ] : 아마

总是[zǒng shì] : 내내
添加[tiān jiā] : 첨가하다, 늘리다
得意的[dé yì de] : 의기양양한, 자신만만한
宁愿[níng yuàn] : ~일 망정, ~일 바에야 차라리
不耐烦[bú nài fán] : 못 참다, 귀찮다
证据[zhèng jù] : 증거
死心眼[sǐ xīn yǎn] : 완고하다, (지나치게) 고지식하다, 융통성이 없다
马路[mǎ lù] : 대로, 차 길
难道[nán dào] : 설마 ~겠는가? 그래 ~란 말인가?

习题[xí tí]

1. 毛空的人物性格？
2. 毛空所说的一只母鸡孵出一百只小鸡是事实吗？

정답

1. 喜欢说夸大不实的话
2. 不是

dì kè　bá miáo zhù zhǎng
第15课　拔苗助长

yǒu gè xìng jí de sòng guó rén yǎn bā bā de pàn zhe tā tián li de dào
有个性急的宋国人，眼巴巴地盼着他田里的稻
zi néng gòu kuài zhǎng gāo kě shì dào zi hái shì màn màn de zhǎng ā yuǎn bù
子能够快长高。可是稻子还是慢慢地长啊，远不
néng xiàng tā xiǎng de nà yàng zhǎng de nà me kuài yì tiān zhè ge sòng guó
能像他想的那样，长得那么快。一天，这个宋国
rén tū rán xiǎng chū le bàn fǎ biàn jí máng lái dào tián lǐ bǎ dào zi yì
人突然想出了办法，便急忙来到田里，把稻子一
kē yòu yì kē dōu cóng tǔ li bá gāo le yì xiē tā máng le yì zhěng tiān dào
棵又一棵都从土里拔高了一些。他忙了一整天，到
tiān hēi de shí hòu cái máng wán zhè ge gōng zuò tā huí dào jiā li hěn gāo
天黑的时候才忙完这个工作。他回到家里，很高
xìng de gào sù jiā rén shuō jīn tiān wǒ suī rán lèi de yào mìng dàn shì xīn
兴的告诉家人说："今天我虽然累得要命，但是心
qíng fēi cháng yú kuài yīn wèi wǒ bāng zhù tián lǐ de yāng miáo zhǎng gāo hěn kuài
情非常愉快。因为我帮助田里的秧苗长高，很快
jiù kě yǐ shōu chéng le jiā rén tīng le tā de huà jué dé hěn qí guài
就可以收成了"。家人听了他的话，觉得很奇怪，
bù zhī dào tā yòng de shí me qiǎo miào fāng fǎ shǐ yāng miáo zhǎng gāo dì èr
不知道他用的什么巧妙方法，使秧苗长高。第二
tiān zǎo chén tā de ér zi dào tián lǐ yí kàn fā xiàn suǒ yǒu bèi tā bá gāo
天早晨，他的儿子到田里一看，发现所有被他拔高

de yāngmiáo dōu yǐ jīng kū sǐ le
的秧苗都已经枯死了。

zhè piān yù yán xuǎn zì liè zǐ gōng sūn chǒushàng
这篇寓言选自《列子·公孙丑上》

단어정리

拔苗助长[bá miáo zhù zhǎng]：알묘조장, 싹을 뽑아 자라는 것을 돕는 어리석은 짓
性急[xìng jí]]：성급하다
眼巴巴[yǎn bā bā]：눈이 빠지게 기다리는 모양. 간절히 바라는 모양
盼[pàn]：바라다, 희망하다
稻子[dào zi]：벼
慢慢地[màn màn de]：천천히
远[yuǎn]：멀다
像[xiàng]：마치~같다
突然[tū rán]：갑자기
急忙[jí máng]：급하다
拔[bá]：뽑다, 빼다
一整天[yì zhěng tiān]：온 종일
要命[yào mìng]：죽을 지경이다. 너무~하다.
收成[shōu chéng]：수확
奇怪[qí guài]：이상하다
巧妙[qiǎo miào]：(방법이나 기술 등이) 교묘하다
秧苗[yāng miáo]：모, 새싹
枯死[kū sǐ]：말라 죽다, 고사하다

习题[xí tí]

1. 这个宋国人想到了一个什么办法让稻子快点长高？
2. 稻子是不是真的长高了？

정답

1. 宋国人自己把稻子一棵又一棵都从土里拔高了一些.
2. 不是

常用的成语, 熟语, 俗语 5

小聪明[xiǎo cōng míng] : 잔재주, 잔꾀, 얕은 꾀
压马路[yā mǎ lù] : 산책하다, 이성친구와 돌아다니다
眼中钉, 肉中刺[yǎn zhōng dìng , ròu zhōng cì] : 눈엣가시, 살 속에 박힌 가시
先声夺人[xiān shēng duó rén] : 먼저 자신의 명성과 위세로 기세를 잡다
先礼后兵[xiān lǐ hòu bīng] : 먼저 예를 지키고 나중에 무력를 동원하다
心灵手巧[xīn líng shǒu qiǎo] : 지혜롭고 손재주가 뛰어남, 총명하고 재간 있음
心甘情愿[xīn gān qíng yuàn] : 기꺼이 원함
心猿意马[xīn yuán yì mǎ] : 마음이 안정이 안됨, 집중하지 못함
心不在焉[xīn bú zài yān] : 정신이 다른 곳에 있음, 마음이 딴 곳에 있음
心血来潮[xīn xuè lái cháo] : 문득 생각나다
雪中送炭[xuě zhōng sòng tàn] : 어려운 때 필요한 도움을 주다, 적절한 시기에 돕다
言不由衷[yán bù yóu zhōng] : 말과 마음이 일치하지 않음
眼红[yǎn hóng] : 부러워하다
一边儿凉决去[yì bián er liáng kuái qù] : 무슨 소리야, 저리 꺼져
异军突起[yì jūn tū qǐ] : (도전이)갑자기 돌출하다, 적이 갑자기 나타나다
一见钟情[yí jiàn zhōng qíng] : 첫 눈에 반함
一窍不通[yí qiào bù tōng] : 아무 것도 모르다
羿射九日[yì shè jiǔ rì] : 대의를 위한 용감한 행위
以暴易暴[yǐ bào yì bào] : 잔학한 세력으로 잔학한 세력을 치다, 이이제이
一分钱一分货[yì fēn qiǎn yì fēn huò] : 싼게 비지떡이다
以管窥天[yǐ guǎn kuī tiān] : 대나무 구멍으로 하늘을 보다, 시야가 좁고 단편적임
以卵击石[yǐ luǎn jī shí] : 달걀로 바위치기, 어림없는 일
一刻千斤 [yí kè qiān jīn]. : 짧은 시간도 천금만큼 귀중함
一鼓作气[yì gǔ zuò qì] : 단숨에 일을 끝마치다
一目十行 [yí mù shí háng] : 책을 읽을 때 동시에 열 줄씩 읽다, 빠르게 내용을 파악하다
一钱不值[yì qián bù zhí] : 한 푼의 가치도 없음, 가치가 없음
一日千里[yí rì qiān lǐ] : 하루에 천리를 달리다, 매우 빠름
一身是胆[yì shēn shì dǎn] : 배짱이 대단함
一问三不知[yí wèn sān bù zhī] : 시치미를 떼다
一泻千里[yí xiè qiān lǐ] : 일이 순조롭게 진행됨

一意孤行[yí yì gū xíng] : 자기 고집만 부리다
衣锦还乡[yī jǐn huán xiāng] : 금의환향, 입신양명하여 귀향함
以强凌弱[yǐ qiáng líng ruò] : 강함을 믿고 약자를 깔봄
庸人自扰[yōng rén zì rǎo] : 귀찮은 일을 사서하다
有恃无恐[yǒu shì wú kǒng] : (믿는 구석이 있어서) 조금도 두려워하거나 주저하지 않다
有志者事竟成[yǒu zhì zhě shì jìng chéng] : 결심과 의지만 있으면 일을 반드시 성취하게 된다, 하려고만 들면 못 해낼 일이 없다
鱼目混珠[yú mù hùn zhū] : 잔꾀로 남을 속이다, 물고기 눈알을 진주라고 속이다
欲速则不达[yù sù zé bù dá] : 너무 서두르면 뜻을 이루지 못함, 급히 먹는 밥이 체한다.
愚公移山[yú gōng yí shān] : 쉬지 않고 꾸준히 일함
原封原样[yuán fēng yuán yàng] : 원래대로, 본래 그대로
缘木求鱼[yuán mù qiú yú] : 불가능하고 이치에 맞지 않음, 나무에서 생선을 구함
越帮越忙[yuè bāng yuè máng] : 방해만 되다
越俎代庖[yuè zǔ dài páo] : 월권행사 하다
责无旁贷[zé wú páng dài] : 남에게 책임을 전가할 수 없다
沾沾自喜[zhān zhān zì xǐ] : 득의양양하며 스스로 즐거워하다
战战兢兢[zhàn zhàn jīng jīng] : 어떤 위기감에 절박해진 심정, 전전긍긍
占便宜[zhàn pián yi] : 유리한 입장에 서다, 유리한 조건을 가지다
占上风[zhàn shàng fēng] : 우위를 점하다
走后门[zǒu hòu mén] : 뒷 구멍으로 손을 쓰다, 뒷거래를 하다
众志成城[zhòng zhì chéng chéng.] : 모두가 힘을 합치면 큰 일을 할 수 있음.
忠言逆耳[zhōng yán nì ěr] : 충언은 귀에 거슬림, 양약은 입에 쓰다
指鹿为马[zhǐ lù wéi mǎ] : 아첨하다, 사슴을 말이라고 우기다
周而复始[zhōu ér fù shǐ] : 돌고 돌다, 순환하다
惴惴不安[zhuì zhuì bù ān] : 매우 불안해하다
自惭形秽[zì cán xíng huì] : 남보다 못함을 스스로 부끄러워하다, 秽[huì] : 더럽다, 어지럽다
自强不息[zì qiáng bù xī] : 쉬지 않고 줄 곧 노력함
自暴自弃[zì bào zì qì] : 스스로 포기함
纵虎归山[zòng hǔ guī shān] : 호랑이를 풀어놓아 산으로 돌아가게 하다, 원수를 놓아주어 화근을 만들다
走马看(观)花[zǒu mǎ kàn(guān) huā] : 주마간산, 대충 훑어보다
看[kān] : 돌보다, 관리하다, [kàn] : 보다, 읽다, 관찰하다
醉生梦死[zuì shēng mèng sǐ] : 술에 취한 듯, 의미없이 살다
坐井观天[zuò jǐng guān tiān] : 우물안 개구리, 소견이 좁고 세상 물정에 어두움
左思右想[zuǒ sī yòu xiǎng] : 생각하고 또 생각해 보다

第一篇 成语故事阅读

dì kè liǎng xiǎo er biàn rì
第16课 两小儿辩日

kǒng zǐ dào dōng fāng qù lǚ xíng kàn jiàn liǎng ge xiǎo hái zài jī liè de zhēng
孔子到东方去旅行，看见两个小孩在激烈地争
lùn kǒng zǐ wèn nǐ men zài chǎo shén me ya yí ge xiǎo hái shuō
论。孔子问："你们在吵什么呀?" 一个小孩说：
tài yáng gāng chū lái shí lí wǒ men jìn dào le zhōng wǔ lí wǒ mén yuǎn
"太阳刚出来时，离我们近；到了中午离我们远
le lìng yí ge xiǎo hái shuō tài yáng gāng chū lái shí lí wǒ men yuǎn
了"。另一个小孩说："太阳刚出来时离我们远，
dào le zhōng wǔ cái lí wǒ men jìn ā yí ge xiǎo hái shuō tài yáng gāng
到了中午才离我们近啊!" 一个小孩说："太阳刚
chū lái shí dà de xiàng chē shang de sǎn dào le zhōng wǔ jiù zhǐ yǒu pán zi nà
出来时，大得象车上的伞，到了中午就只有盘子那
me dà le zhè bú zhèng shì yuǎn de xiǎn de xiǎo jìn de xiǎn de dà ma
么大了。这不正是远的显得小，近的显得大吗?"
lìng yí ge xiǎo hái què shuō tài yáng gāng chū lái shí zhōu wéi hái liáng sī
另一个小孩却说："太阳刚出来时，周围还凉丝
sī de dào le zhōng wǔ què rè de xiàng bǎ shǒu shēn dào rè shuǐ li yí
丝的；到了中午，却热得象把手伸到热水里一
yàng zhè bú zhèng shì jìn de gǎn jué rè yuǎn de gǎn jué liáng ma kǒng zǐ
样。这不正是近的感觉热，远的感觉凉吗?" 孔子
tīng le yě wú fǎ jué dìng shuí shì shuí fēi liǎng ge xiǎo hái cháo xiào tā shuō
听了，也无法决定谁是谁非。两个小孩嘲笑他说：

shuí shuō nǐ zhī shi yuān bó ne
"谁说你知识渊博呢?"

zhè piān yù yán xuǎn zì liè zǐ tāng wèn
这篇寓言选自《列子·汤问》

단어정리

东方[dōng fāng] : 동방, 동쪽 지방
激烈[jī liè] : 격렬하다, 치열하다
争论[zhēng lùn] : 언쟁하다, 논쟁
吵[chǎo] : 떠들다, 말다툼하다
出来[chū lái] : (안에서 밖으로) 나오다
近[jìn] : 가깝다
远[yuǎn] : 멀다
伞[sǎn] : 우산, 양산
盘子[pán zi] : 접시
显得[xiǎn de] : (어떠한 상황이) 드러나다. …하게 보이다.
凉丝丝[liáng sī sī] : 시원하다, 서늘하다
却[què] : 하지만, 오히려
热[rè] : 덥다, 뜨겁다
决定[jué dìng] : 결정하다
无法[wú fǎ] : ~할 수 없다
谁是谁非[shuí shì shuí fēi] : 누가 옳고 누가 그른가, 시비곡직
嘲笑[cháo xiào] : 조소하다, 비웃다
渊博[yuān bó] : 깊고 넓다, 해박하다

习题[xí tí]

1. 两个小孩在争吵什么?
2. 孔子是否为他们解决了太阳远近的问题?

정답

1. 他们在争论太阳是早上离我们近，还是中午离我们近
2. 没有

dì kè tài gōng diào yú
第17课 太公钓鱼

shāng cháo de shí hòu zhòu wáng cán bào bù rén rén mín shēng huó fēi cháng jiān kǔ
商朝的时候纣王残暴不仁，人民生活非常艰苦。
dà chén jiāng zǐ yá bù néng rěn shòu zhòu wáng de hú zuò fēi wéi yīn cǐ jiù duǒ
大臣姜子牙不能忍受纣王的胡作非为，因此就躲
dào wèi shuǐ hé biān guò zhe yǐn jū de rì zǐ wèi hé shì zhū hóu jī chāng de
到渭水河边过着隐居的日子。渭河是诸侯姬昌的
guǎn xiá fàn wéi jī chāng hěn ài xī rén cái wéi le xī yǐn jī chāng de zhù
管辖范围，姬昌很爱惜人才。为了吸引姬昌的注
yì jiāng zǐ yá tiān tiān zuò zài hé biān diào yú
意，姜子牙天天坐在河边钓鱼。

tā de yú gōu shì zhí de méi yǒu yú ěr lí shuǐ miàn yǒu sān chǐ gāo
他的鱼钩是直的，没有鱼饵，离水面有三尺高。
tā yì biān diào yì biān shuō yú er ya nǐ kuài diǎn shàng gōu bā yǒu rén
他一边钓一边说："鱼儿呀，你快点上钩吧!"有人
hǎo yì de gào sù tā zhè yàng diào bù dào yú jiāng zǐ yá zhǐ shì xiào zhe shuō
好意地告诉他这样钓不到鱼，姜子牙只是笑着说
yú er zì jǐ huì shàng gōu de
："鱼儿自己会上钩的"。

rén men cháo xiào tā tā yě bù lǐ huì jié guǒ zhè jiàn shì chuán dào jī
人们嘲笑他，他也不理会。结果这件事传到姬
chāng de ěr lǐ jī chāng xīn xiǎng tā kě néng shì ge yǒu cái néng de qí rén
昌的耳里，姬昌心想他可能是个有才能的奇人，

jiù pai shì bīng qù qǐng tā lái jiāng zǐ yá kàn dào shì shì bīng bù dàn bú
就派士兵去请他来。姜子牙看到是士兵，不但不

lǐ cǎi hái jì xù diào yú zuǐ lǐ hái yì biān niàn zhe diào diào
理睬，还继续钓鱼，嘴里还一边念着："钓、钓、

diào yú er bú shàng gōu xiā mǐ lái dǎo luàn shì bīng zhī hǎo huí qù bào gào
钓，鱼儿不上钩，虾米来捣乱！"士兵只好回去报告。

yú shì jī chāng yòu pài dà chén qù qǐng jiāng zǐ yá kàn jiàn shì dà chén réng
于是姬昌又派大臣去请，姜子牙看见是大臣，仍

rán bù lǐ cǎi zuǐ lǐ yòu niàn zhe diào diào diào dà yú bú shàng gōu
然不理睬，嘴里又念着："钓、钓、钓，大鱼不上钩，

xiǎo yú lái dǎo luàn dà chén yě zhī hǎo huí qù bào gào zuì hòu jī chāng
小鱼来捣乱！"大臣也只好回去报告。最后，姬昌

jiù zhǔn bèi le fēng hòu de lǐ pǐn qīn zì bài fǎng jiāng zǐ yá jiāng zǐ yá
就准备了丰厚的礼品，亲自拜访姜子牙。姜子牙

kàn chū tā dí què shì chéng xīn chéng yì yì xīn xiǎng yào xún zhǎo yǒu cái huá de
看出他的确是诚心诚意，一心想要寻找有才华的

rén yú shì jiù dá yìng fǔ zuǒ tā hòu lái jiāng zǐ yá lián xù fǔ zuǒ wén
人，于是就答应辅佐他。后来姜子牙连续辅佐文

wáng wǔ wáng tuī fān le shāng cháo de tǒng zhì jiàn lì le zhōng guó lì shǐ
王、武王，推翻了商朝的统治，建立了中国历史

shàng nián dài zuì jiǔ de zhōu cháo
上年代最久的周朝。

zhè piān yù yán xuǎn zì wǔ wáng fá zhòu píng huà
这篇寓言选自《武王伐纣平话》

단어정리

残暴不仁[cán bào bù rén] : 포악무도하다
艰苦[jiān kǔ] : 고생스럽다, 힘들다
大臣[dà chén] : 대신, 장관
忍受[rěn shòu] : 견디어 내다, 참다
胡作非为[hú zuò fēi wéi] : 제멋대로 못된 짓을 하다
躲[duǒ] : 숨다, 피하다
隐居[yǐn jū] : 은거(하다)
管辖[guǎn xiá] : 관할(하다)
爱惜[ài xī] : 아끼다. 소중하게 여기다
吸引[xī yǐn] : 끌어당기다, 끌다
注意[zhù yì] : 주의, 주목, 관심
钓鱼[diào yú] : 물고기를 낚다
鱼钩[yú gōu] : 낚싯바늘, 낚시질하다
鱼饵[yú ěr] : 미끼
一边~ 一边…[yì biān~ yì biān] : 한편으로 ~면서 한편으로 …하다
上钩[shàng gōu] : 낚시 바늘에 걸리다, 미끼를 물다
好意地[hǎo yì de] : 선의로
理会[lǐ huì] : 주의를[관심을] 돌리다
传[chuán] : 전하다
睬[cǎi] : 거들떠보다, 눈 여겨 보다
士兵[shì bīng] : 사병, 병사
虾米[xiā mǐ] : 작은 새우, 새우 살
捣乱[dǎo luàn] : 교란하다. 소란을 피우다
于是 [yú shì] : 그래서
丰厚[fēng hòu] : 두툼하다, 풍부하다.
拜访[bài fǎng] : 예방(하다), 찾아뵙다
才华[cái huá] : 재능, 능력
诚心诚意[chéng xīn chéng yì] : 정성을 다해서, 성의껏
只好[zhǐ hǎo] : ~할 수 밖에 없다
亲自[qīn zì] : 스스로, 친히
的确[dí què] : 확실히, 분명히
辅佐[fǔ zuǒ] : 도와주다, 보좌하다
推翻[tuī fān] : 전복시키다, 뒤집다

习题[xí tí]

1. 姜子牙为什么要隐居？
2. 姜子牙为什么钓鱼时用直的鱼钩？

정답

1. 大臣姜子牙不能忍受纣王的胡作非为，因此就躲到渭水河边过着隐居的日子.
2. 为了吸引姬昌的注意

dì kè
第18课

bú rù hǔ xué yān dé hǔ zi
不入虎穴，焉得虎子

dōng hàn shí hòu bān chāo gēn suí dòu gù hé xiōng nú dǎ zhàng lì gōng zhī hòu
东汉时候，班超跟随窦固和匈奴打仗，立功之后
bèi pài chū shǐ xī yù zhèng shàn guó guó wáng zǎo zhī bān chāo wéi rén duì tā
被派出使西域。郑善国国王早知班超为人，对他
shí fēn jìng zhòng dàn yī duàn shí jiān yǐ hòu hū rán biàn de dài màn qǐ lái
十分敬重，但一段时间以后，忽然变得怠慢起来。
bān chāo zhào jí tóng lái de sān shí liù rén shuō zhèng shàn guó zuì jìn duì wǒ
班超召集同来的三十六人说：“郑善国最近对我
men hěn lěng dàn yí dìng shì běi fāng xiōng nú yě pài rén lái lǒng luò tā shǐ tā
们很冷淡，一定是北方匈奴也派人来笼络他，使他
yóu yù bù jué shùn cóng nǎ yì biān cōng míng rén yào zài shì qíng hái zài méng yá
犹豫不决顺从哪一边。聪明人要在事情还在萌芽
de shí hòu jiù fā xiàn tā hé kuàng xiàn zài shì qíng yǐ jīng hěn míng xiǎn le
的时候就发现它，何况现在事情已经很明显了”。
jīng guò dǎ tīng shì qing guǒ rán shì zhè yàng yú shì bān chāo yòu tóng suǒ yǒu
经过打听，事情果然是这样。于是班超又同所有
de rén shuō wǒ men xiàn zài chǔ jìng hěn wēi xiǎn xiōng nú shǐ zhě cái lái
的人说：“我们现在处境很危险，匈奴使者才来
jǐ tiān zhèng shàn guó wáng jiù duì wǒ men zhè me lěng dàn rú guǒ zài guò yī duàn
几天，郑善国王就对我们这么冷淡，如果再过一段
shí jiān zhèng shàn guó wáng kě néng huì bǎ wǒ men bǎng qǐ lái sòng gěi xiōng nú nǐ
时间，郑善国王可能会把我们绑起来送给匈奴。你

men shuō gāi zěn me bàn dāng shí dà jiā jiān jué de biǎo shì yuàn tīng tā de
们说，该怎么办?” 当时大家坚决地表示愿听他的

zhǔ zhāng tā jì xù shuō dào bú rù hǔ xué yān dé hǔ zǐ xiàn zài
主张。他继续说道：“不入虎穴，焉得虎子。现在

wéi yī de bàn fǎ jiù shì zài jīn tiān yè lǐ yòng huǒ gōng jī xiōng nú lái shǐ
唯一的办法，就是在今天夜里用火攻击匈奴来使，

xùn sù bǎ tā mén shā le zhī yǒu zhè yàng zhèng shàn guó wáng cái huì chéng xīn
迅速把他们杀了。只有这样，郑善国王才会诚心

guī shùn hàn cháo zhè tiān yè lǐ bān chāo jiù hé tā tóng qù de sān shí
归顺汉朝”。这天夜里， 班超就和他同去的三十

liù gè tóng bàn chōng rù xiōng nú rén zhù suǒ fèn lì sǐ zhàn yòng shǎo shù rén
六个同伴，冲入匈奴人住所，奋力死战，用少数人

lì zhàn shèng le duō shù de xiōng nú rén dá dào le yù qī mù di zhè piān
力战胜了多数的匈奴人，达到了预期目的。 这篇

yù yán xuǎn zì hòu hàn shū bān chāo chuán
寓言选自≪后汉书·班超传≫

단어정리

窦固[dòu gù]：사람이름
打仗[dǎ zhàng]：전쟁하다, 싸우다.
功劳[gōng láo]：공로
出使[chū shǐ]：외교 사명을 받고 외국으로 가다
为人[wéi rén]：인물 됨됨이
敬重[jìng zhòng]：존경하다, 존중하다
忽然[hū rán]：갑자기, 돌연
怠慢[dài màn]：태만히 하다, 소홀히[등한히] 하다
召集[zhào jí]：불러 모으다, 소집하다
冷淡[lěng dàn]：쌀쌀하다, 냉담하다
匈奴[xiōng nú]：흉노족
笼络[lǒng luò]：농락하다, 구슬리다
犹豫不决[yóu yù bù jué]：망설이다
顺从[shùn cóng]：순종하다, 순순히 따르다

萌芽[méng yá] : (사물이) 싹트다, 막 발생하다
何况[hé kuàng] : 하물며~은 더 말할 필요가 있겠는가
明显[míng xiǎn] : 뚜렷하다, 분명하다
打听[dǎ tīng] : 묻다
果然[guǒ rán] : 과연
处境[chǔ jìng] : 상태, 상황, 환경, 처지
于是[yú shì] : 그래서
才来几天[cái lái jǐ tiān] : 얼마 되지 않아, 며칠 되지 않아
绑[bǎng] : (끈·줄 따위로) 감다, 묶다, 동이다
坚决[jiān jué] : 단호한
主张[zhǔ zhāng] : 주장, 견해, 의견
虎穴[hǔ xué] : 호랑이 굴
攻击[gōng jī] : 공격(하다)
迅速[xùn sù] : 신속하다, 급속하다, 재빠르다
只有~, 才[zhǐ yǒu, cái] : ~할 때만(해야만) …할 수 있다
冲入[chōng rù] : 돌격해 들어가다
奋力死战[fèn lì sǐ zhàn] : 죽을 힘을 다해 싸우다
达到[dá dào] : (목적)이루다, 도달하다
预期[yù qī] : 예기하다

习题[xí tí]

1. 班超在东汉立功之后，被派出使去哪儿？
2. 班超用什么计谋使郑善王归顺汉朝？

정답

1. 西域
2. "不人虎穴，焉得虎子" 偷袭匈奴来使

dì kè hú jiǎ hǔ wēi
第19课 狐假虎威

cóng qián yǒu yì zhī lǎo hǔ, yīn wéi dù zi è le, biàn pǎo dào wài miàn xún
从前有一只老虎，因为肚子饿了，便跑到外面寻
mì shí wù. tā kàn dào qián miàn yǒu zhī hú li biàn pū guò qù, háo bú fèi
觅食物。它看到前面有只狐狸便扑过去，毫不费
lì de jiāng tā qín zhù. kě shì dāng tā zhāng kāi zuǐ bā, zhèng zhǔn bèi chī nà
力的将它擒住。可是当它张开嘴巴，正准备吃那
zhī hú li shí, jiǎo xiá de hú li tū rán shuō huà le: tiān dì yǐ jīng
只狐狸时，狡黠的狐狸突然说话了：“天地已经
mìng lìng wǒ wéi wáng zhōng zhī wáng, wú lùn shuí chī le wǒ, dōu jiāng zāo dào tiān
命令我为王中之王，无论谁吃了我，都将遭到天
dì yán lì de chéng fá. lǎo hǔ tīng le hú li de huà, bàn xìn bàn yí,
地严厉的惩罚”。老虎听了狐狸的话，半信半疑，
kě shì, dāng tā kàn dào hú li nà fù zhèn dìng de yàng zi, xīn lǐ bù jué yì
可是，当它看到狐狸那副镇定的样子，心里不觉一
jīng. yuán xiān de qì yàn jìng bù zhī hé shí yǐ jīng xiāo shī le dà bàn. suī
惊。原先的气焰竟不知何时已经消失了大半。虽
rán rú cǐ, tā xīn zhōng réng rán zài xiǎng: wǒ shì bǎi shòu zhī wáng, suǒ yǐ
然如此，它心中仍然在想：我是百兽之王，所以
rèn hé yě shòu jiàn le wǒ dōu huì hài pà. ér tā, jìng rán shì fèng tiān dì
任何野兽见了我都会害怕。而它，竟然是奉天帝
zhī mìng lái tǒng zhì wǒ men de! zhè shí, hú li jiàn lǎo hǔ chí yí zhe bù
之命来统治我们的！这时，狐狸见老虎迟疑着不

第一篇 成语故事阅读

gǎn chī tā zhī dào tā duì zì jǐ de huà yǐ jīng yǒu jǐ fēn xiāng xìn le yú
敢吃它，知道它对自己的话已经有几分相信了，于
shì gèng jiā shén qì shí zú de tǐng qǐ xiōng táng zhǐ zhe lǎo hǔ de bí zi shuō
是更加神气十足地挺起胸膛，指着老虎的鼻子说：
zěn me nán dào nǐ bù xiāng xìn wǒ shuō de huà ma nà me nǐ xiàn zài jiù
“怎么，难道你不相信我说的话吗？那么你现在就
gēn wǒ lái zǒu zài wǒ hòu miàn kàn kàn suǒ yǒu yě shòu jiàn le wǒ shì bu
跟我来，走在我后面，看看所有野兽见了我，是不
shì dōu xià de bào tóu shǔ cuàn lǎo hǔ jué de zhè ge zhǔ yì bú cuò biàn
是都吓得抱头鼠窜”。老虎觉得这个主意不错，便
zhào zhe qù zuò le yú shì hú li jiù dà mó dà yàng de zài qián miàn kāi lù
照着去做了。于是狐狸就大模大样的在前面开路，
ér lǎo hǔ zé xiǎo xīn yì yì de zài hòu miàn gēn zhe tā mén méi zǒu duō jiǔ
而老虎则小心翼翼的在后面跟着。它们没走多久，
jiù kàn jiàn sēn lín de shēn chù yǒu xǔ duō xiǎo dòng wù zhèng zài nàr zhēng xiāng
就看见森林的深处，有许多小动物正在那儿争相
mì shí dàn shì dāng tā mén fā xiàn zǒu zài hú li hòu miàn de lǎo hǔ shí
觅食，但是当它们发现走在狐狸后面的老虎时，
bù jīn dà jīng shī sè sì sàn táo pǎo zhè shí hú li hěn dé yì de huí
不禁大惊失色，四散逃跑。这时，狐狸很得意地回
guò tóu qù kàn kàn lǎo hǔ lǎo hǔ kàn zhè zhǒng qíng xíng bù jīn xīn jīng dǎn
过头去看看老虎。老虎看这种情形，不禁心惊胆
zhàn dàn tā bìng bù zhī dào yě shòu pà de shì zì jǐ ér yǐ wéi tā men
战，但它并不知道野兽怕的是自己，而以为它们
zhēn shì pà hú li ne
真是怕狐狸呢！

zhè piān yù yán xuǎn zì zhàn guó cè chǔ cè
这篇寓言选自《战国策·楚策》

단어정리

寻觅[xún mì] : 찾다
狐狸[hú li] : 여우
毫不费力[háo bú fèi lì] : 조금도 힘들지 않다, 쉽다
扑[pū] : 엎드리다, 털다, 덮치다, 때려잡다
将[jiāng] : 장차 ~하다, ~을 (=把)
擒[qín] : 사로잡다, 붙잡다, 생포하다
正[zhèng] : 막, 바로
当… 时[dāng … shí] : …할 때
张开[zhāng kāi] : 열다, 벌리다
嘴巴[zuǐ bā] : 주둥이, 입
狡黠[jiǎo xiá] : 교활하다, 간교하다
遭到[zāo dào] : (불행이나 불리한 일을) 만나다, 당하다
惩罚[chéng fá] : 벌, 징벌
半信半疑[bàn xìn bàn yí] : 반신반의
镇定[zhèn dìng] : 침착하다, 냉정하다
不觉[bù jué] : 자기도 모르게
不知[bù zhī] : 어느 새
原先[yuán xiān] : 원래, 당초
气焰[qì yàn] : 기염, 대단한 기세
竟[jìng] : 결국, 마침내
百兽之王[bǎi shòu zhī wáng] : 백수의 왕
竟然[jìng rán] : 뜻밖에, 드디어
统治[tǒng zhì] : 통치[지배]하다
迟疑[chí yí] : 망설이다, 기웃거리다, 머뭇거리다
几分[jǐ fēn] : 어느 정도
神气十足[shén qì shí zú] : 매우 우쭐대다
挺[tǐng] : 쭉 펴다, 내밀다
难道 [nán dào] : 설마~이겠는가, 그래~란 말인가
胸膛[xiōng táng] : 가슴
抱头鼠窜[bào tóu shǔ cuàn] : 머리를 감싸 쥐고 쥐처럼 도망치다, 급히 도망치다
主意[zhǔ yì] : 생각
吓[xià] : 놀라다, 무서워하다
大模大样[dà mó dà yàng] : 느긋한 모양, 의젓한 모양, 대범한 모양
开路[kāi lù] : 선도하다, 맨 앞에서 인도하다

小心翼翼[xiǎo xīn yì yì] : 거동이 신중하고 소홀함이 없다, 매우 조심스럽다
争相觅食[zhēng xiāng mì shí] : 다퉈 먹이를 찾다, 觅[mì] : 찾다
不禁[bù jīn] : ~을 금치 못하다, ~지 않을 수 없다
大惊失色[dà jīng shī sè] : 대경실색하다, 매우 놀라다
心惊胆战[xīn jīng dǎn zhàn] : 매우 두려워 전전긍긍하다, 무서워서 벌벌 떨다

习题[xí tí]

1. 狐狸用什么计谋使老虎相信自己是王中之王?
2. 狐狸真的是王中之王吗?

정답

1. 狐狸就大模大样的在前面开路, 而老虎则小心翼翼的在后面跟着。他们没走多久, 就看见森 林的深处, 有许多小动物正在那儿争相觅食, 但是当它们发现走在狐狸后面的老虎时, 不禁大惊 失色, 四散逃跑, 使老虎以为他们都害怕狐狸.
2. 不是.

dì kè jǐng dǐ zhī wā
第20课 井底之蛙

yì kǒu jǐng li zhù zhe yì zhī qīng wā yǒu yì tiān qīng wā zài jǐng biān
一口井里住着一只青蛙。有一天，青蛙在井边
pèngshang le yì zhī cóng hǎi li lái de dà guī qīng wā jiù duì hǎi guī kuā kǒu
碰上了一只从海里来的大龟。青蛙就对海龟夸口
shuō nǐ kàn wǒ zhù zài zhè li duō kuài lè yǒu shí gāo xìng le jiù dào
说："你看，我住在这里多快乐！有时高兴了，就到
wài biān wán yí zhèn pí juàn le jiù huí dào jǐng li shuì yí jiào huò zhě
外边玩一阵；疲倦了，就回到井里睡一觉。或者
zhǐ lòu chū tóu hé zuǐ bā ān ān jìng jìng de bǎ quánshēn pào zài shuǐ lǐ huò
只露出头和嘴巴，安安静静地把全身泡在水里，或
zhě zài ruǎnmiánmián de ní jiāng lǐ sàn yí huìr bù yě hěn shū shì kàn
者在软绵绵的泥浆里散一会儿步，也很舒适。看
kàn nà xiē xiā shuí yě bǐ bú shàng wǒ ér qiě wǒ shì zhè ge jǐng lǐ de
看那些虾谁也比不上我。而且，我是这个井里的
zhǔ rén zài zhè jǐng li zì yóu zì zài nǐ wèi shén me bù cháng dào jǐng li
主人，在这井里自由自在，你为什么不常到井里
lái wán ne nà hǎi guī tīng le qīng wā de huà dào zhēn xiǎng jìn qù kàn
来玩呢！"那海龟听了青蛙的话，倒真想进去看
kàn dàn tā de zuǒ jiǎo hái méi yǒu zhěng gè shēn jìn qù yòu jiǎo jiù yǐ jīng
看。但它的左脚还没有整个伸进去，右脚就已经
bàn zhù le tā lián máng hòu tuì le liǎng bù bǎ dà hǎi de qíng xíng gào sù
绊住了。它连忙后退了两步，把大海的情形告诉

qīng wā shuō
青蛙说：

nǐ kàn guò hǎi ma hǎi de guǎng dà yǒu qiān lǐ hǎi de shēn dù yǒu
“你看过海吗？海的广大，有千里；海的深度，有

qiān zhàng gǔ shí hòu shí nián yǒu jiǔ nián dà shuǐ hǎi lǐ de shuǐ bìng bù
千丈。古时候，十年有九年大水，海里的水，并不

zhǎng duō shǎo hòu lái bā nián lǐ yǒu qī nián dà hàn hǎi lǐ de shuǐ yě
涨多少；后来，八年里有七年大旱，海里的水，也

bù jiàn de shǎo le duō shǎo kě jiàn dà hǎi shì bù shòu hàn lào yǐng xiǎng de
不见得少了多少。可见大海是不受旱涝影响的。

zhù zài nà yàng de dà hǎi lǐ cái shì zhēn de kuài lè ne jǐng wā tīng le
住在那样的大海里，才是真的快乐呢！”井蛙听了

hǎi guī de yì fān huà chī jīng de dāi zài nà lǐ zài méi yǒu huà kě shuō
海龟的一番话，吃惊地呆在那里，再没有话可说

le
了。

zhè piān yù yán xuǎn zì zhuāng zǐ qiū shuǐ
这篇寓言选自《庄子 · 秋水》

단어정리

井[jǐng] : 우물
青蛙[qīng wā] : 개구리
碰上[pèng shàng] : 우연히[뜻밖에] 만나다, 맞닥뜨리다
大龟[dà guī] : 거북
夸口[kuā kǒu] : 허풍을 떨다
疲倦[pí juàn] : 지치다
露出[lòu chū] : 드러내다, 노출하다
安安静静[ān ān jìng jìng] : 조용히
泡[pào] : 물[액체]에 담그다
软绵绵[ruǎn mián mián] : 부드럽다, 폭신폭신하다, 보들보들하다
泥浆[ní jiāng] : 진흙탕(물)
舒适[shū shì] : 기분이 좋다, 쾌적하다, 편하다

虾[xiā] : 새우
自由自在[zì yóu zì zài] : 자유자재(하다), 자유롭다
倒[dào] : 오히려, 도리어, 거꾸로 되다, (액체를) 따르다,
倒[dǎo] : 넘어지다
伸[shēn] : 펴다, 펼치다
绊[bàn] : 걸리다[채다]
连忙[lián máng] : 재빨리, 급히
情形[qíng xíng] : 상황
大水[dà shuǐ] : 큰물, 홍수
不见得~[bú jiàn dé] : ~할 리 없다, ~라고 생각되지 않다
涨[zhǎng] : 물이 불다, 물가가 오르다
可见[kě jià] : 여기에서 알 수 있듯이
大旱[dà hàn] : 대한, 큰가뭄
旱涝[hàn lào] : 가뭄과 장마
吃惊[chī jīng] : 놀라다
呆[dāi] : 머무르다, 체재하다

习题[xí tí]

1. 青蛙和海龟的对话内容是什么？
2. “井底之蛙”形容怎样的人？

정답

1. 青蛙和海龟在比较是井大还是海大
2. 形容只知道呆在自己的世界里的人.

第二篇

经济文章阅读

dì kè 第1课　bù shí zǒngtǒng huì jiàn wú yí fù zǒng lǐ 布什总统会见吴仪副总理

xīn huá shè huá shèng dùn yuè rì diàn
新华社华盛顿4月12日电

měi guó zǒngtǒng bù shí rì zài bái gōng huì jiàn le zhōng guó guó wù yuàn fù
美国总统布什12日在白宫会见了中国国务院副
zǒng lǐ wú yí
总理吴仪。

wú yí fù zǒng lǐ shǒu xiān zhuǎn dá le hú jǐn tāo zhǔ xí hé wēn jiā bǎo zǒng
吴仪副总理首先转达了胡锦涛主席和温家宝总
lǐ duì bù shí zǒngtǒng de wèn hòu bù shí zǒngtǒng duì cǐ biǎo shì gǎn xiè
理对布什总统的问候。布什总统对此表示感谢，
bìng qǐng wú yí fù zǒng lǐ zhuǎn dá tā duì hú jǐn tāo zhǔ xí hé wēn jiā bǎo
并请吴仪副总理转达他对胡锦涛主席和温家宝
zǒng lǐ de wèn hòu
总理的问候。

wú yí shuō wǒ zhè cì shuài lǐng zhōng guó zhèng fǔ dài biǎo tuán qián lái huá shèng
吴仪说，我这次率领中国政府代表团前来华盛
dùn cān jiā dì jiè zhōng měi shāng mào lián wěi huì huì yì bìng zài jīng mào lǐng
顿参加第17届中美商贸联委会会议，并在经贸领
yù wèi hú jǐn tāo zhǔ xí fǎng wèn měi guó zuò zhǔn bèi jīng guò zhōng měi shuāng fāng
域为胡锦涛主席访问美国做准备。经过中美双方
gòng tóng nǔ lì běn jiè zhōng měi shāng mào lián wěi huì huì yì qǔ dé le jī jí
共同努力，本届中美商贸联委会会议取得了积极

chéng guǒ zhè yǒu zhù yú huǎn jiě liǎng guó de mào yì mó cā tuī dòng zhōng měi jīng
成果，这有助于缓解两国的贸易摩擦，推动中美经
mào hé zuò jiàn kāng wěn dìng fā zhǎn suí wǒ lái měi de zhōng guó qǐ yè jiā dài
贸合作健康稳定发展。随我来美的中国企业家代
biǎo tuán yǔ měi gōng shāng qǐ yè jiè qiān shǔ le shù é kě guān de shāng yè hé tóng huò
表团与美工商企业界签署了数额可观的商业合同或
xié yì zhōng fāng hái jué dìng yǒu tiáo jiàn de huī fù měi guó niú ròu de jìn kǒu
协议。中方还决定有条件地恢复美国牛肉的进口。

bù shí zǒng tǒng duì wú yí fù zǒng lǐ hé zhōng fāng wèi tuī dòng dì jiè
布什总统对吴仪副总理和中方为推动第17届
zhōng měi shāng mào lián wěi huì huì yì qǔ dé jī jí chéng guǒ hé huǎn jiě liǎng guó
中美商贸联委会会议取得积极成果和缓解两国
mào yì mó cā suǒ zuò chū de jī jí nǔ lì biǎo shì zàn shǎng rèn wéi zhè fú
贸易摩擦所作出的积极努力表示赞赏，认为这符
hé měi zhōng shuāng fāng de gòng tóng lì yì
合美中双方的共同利益。

wú yí fù zǒng lǐ shuō hú jǐn tāo zhǔ xí jí jiāng duì měi guó de fǎng wèn
吴仪副总理说，胡锦涛主席即将对美国的访问
shì zhōng měi guān xì zhōng de yí jiàn dà shì duì zhōng měi guān xì de cháng yuǎn wěn
是中美关系中的一件大事，对中美关系的长远稳
dìng fā zhǎn yì yì zhòng dà zhōng fāng gāo dù zhòng shì zhè cì fǎng wèn xī wàng
定发展意义重大。中方高度重视这次访问，希望
shuāng fāng jì xù gòng tóng nǔ lì què bǎo fǎng wèn qǔ dé chéng gōng tuī dòng zhōng
双方继续共同努力，确保访问取得成功，推动中
měi jiàn shè xìng hé zuò guān xì quán miàn xiàng qián fā zhǎn
美建设性合作关系全面向前发展。

bù shí zǒng tǒng shuō měi zhōng guān xì shí fēn zhòng yào wǒ qī dài zhe hú jǐn
布什总统说，美中关系十分重要。我期待着胡锦
tāo zhǔ xí duì měi guó de fǎng wèn jiāng yǔ hú zhǔ xí jiù měi zhōng guān xì hé shuāng
涛主席对美国的访问，将与胡主席就美中关系和双
fāng gòng tóng guān xīn de qí tā zhòng dà wèn tí shēn rù jiāo huàn yì jiàn wǒ yuàn chóng
方共同关心的其他重大问题深入交换意见，我愿重

shēn zài tái wān wèn tí shàng wǒ de lì chǎng shì yí guàn hé jiān dìng de
申，在台湾问题上我的立场是一贯和坚定的。

zhōng guó zhù měi guó dà shǐ zhōu wén zhòng shāng wù bù fù bù cháng mǎ xiù hóng
中国驻美国大使周文重，商务部副部长马秀红，

wài jiāo bù bù cháng zhù lǐ hé yà fēi děng huì jiàn shí zài zuò
外交部部长助理何亚非等会见时在座。

<新华社> 2006. 04. 13

단어정리

第二篇 经济文章阅读

华盛顿[huá shèng dùn]：워싱턴(미국 수도)
美国总统[měi guó zǒng tǒng]：미국 대통령
副总理[fù zǒng lǐ]：부총리
白宫[bái gōng]：백악관
会见[huì jiàn]：회견(하다), 접견(하다)
首先[shǒu xiān]：우선
转达[zhuǎn dá]：전달하다, 전하다
前来[qián lái]：来와 같은 뜻이지만 주동의 의미가 강한 표현(몸소 ~로 와서)
前来上海[qián lái shàng hǎi]：상하이로 와서
前往上海[qián wǎng shàng hǎi]：상하이로 가서
主席[zhǔ xí]：주석
问候[wèn hòu]：안부를 묻다, 문안드리다
感谢[gǎn xiè]：감사(하다)
率领[shuài lǐng]：거느리다, 이끌다, 인솔하다
访问[fǎng wèn]：방문하다
商贸联委会会议[shāng mào lián wěi huì huì yì]：상업무역 연합 위원회 회의
经贸领域[jīng mào lǐng yù]：경제 무역 분야
双方[shuāng fāng]：쌍방
共同努力[gòng tóng nǔ lì]：함께 노력하다
本届[běn jiè]：금회, 이번
取得[qǔ dé]：취득하다
积极成果[jī jí chéng guǒ]：적극적인 성과, 긍정적인 성과
缓解[huǎn jiě]：완화되다, 완화시키다
摩擦[mó cā]：마찰, 갈등
随~来[suí lái]：~을 따라오다, ~을 수행하다

企业家[qǐ yè jiā] : 기업가, 사업가
代表团[dài biǎo tuán] : 대표단
签署[qiān shǔ] : (중요한 문서에 정식으로) 서명하다, 조인하다
数额[shù é] : 일정한 수, 정액
可观[kě guān] : 가관이다, 볼만하다, 대단하다, 광장하다, 훌륭하다
合同[hé tóng] : 계약
赞赏[zàn shǎng] : 칭찬하다, 높이 평가하다
符合[fú hé] : 부합하다, 일치하다
重视[zhòng shì] : 중시하다
长远[cháng yuǎn] : 장기적인, 항구적인
确保[què bǎo] : 확보하다
建设性[jiàn shè xìng] : 건설적인
期待[qī dài] : 기대(하다)
交换[jiāo huàn] : 교환(하다)
意见[yì jiàn] : 의견, 이의, 반대, 불만
重申[chóng shēn] : 거듭 말하다, 거듭 천명 (선언, 표명) 하다
立场[lì chǎng] : 입장
一贯[yí guàn] : (사상 태도 정책 등이)한결같다, 일관하다, 돈 한 꿰미
坚定[jiān dìng] : 확고하다, 굳다, 꿋꿋하다
中国驻美国大使[zhōng guó zhù měi guó dà shǐ] : 주미 중국대사
商务部副部长[shāng wù bù fù bù cháng] : 상무부 부부장
外交部[wài jiāo bù] : 외교부
助理[zhù lǐ] : 보조(하다).(직책)~보
在座[zài zuò] : 참석하다. 그 자리에 있다

习题[xí tí]

1. 吴仪中国政府代表团去哪里，参加了什么会议？
2. 吴仪副总理怎样看待胡锦涛即将对美国的访问？

정답

1. 去华盛顿参加第十七届中美商贸联委会会议。
2. 对美国的访问是中美关系中的一件大事，对中美关系的长远稳定发展具有意义重大。

第2课 中韩专家探讨建立双边自贸区

本报讯记者廉丹报道：韩国驻华大使馆、韩国对外经济政策研究院日前在北京共同举办了以“未来中韩经贸合作方向”为主题的国际研讨会。与会的中韩几位专家回顾了中韩建交13年来两国间的贸易和投资关系，并探讨了建立中韩“自由贸易区(FTA)”的新议题。

中韩两国之间的贸易发展非常快，1992年中韩建交时贸易额仅为50亿美元，今年将会首次突破1000亿美元，近年来两国贸易年均增长在27%以上。很久前，两国更是明确地提出到2012年中韩贸易规模达到2000亿美元的目标，这为双方贸

yì fā zhǎn zhǐ míng le fāng xiàng shí jì shang zài qù nián de yà tài jīng hé
易发展指明了方向。实际上，在去年的亚太经合
zǔ zhī huì yì qī jiān zhōng hán liǎng guó yǐ jīng chàng yì kāi zhǎn shuāng
组织(APEC)会议期间，中韩两国已经倡议开展双
biān kě xíng xìng de mín jiān yán jiū zài běn cì yán tǎo huì shàng zhōng
边FTA可行性的民间研究。在本次研讨会上，中
hán liǎng guó rèn wéi zhōng hán liǎng guó yǐ jī běn jù bèi jiàn lì de tiáo
韩两国认为中韩两国已基本具备建立F T A 的条
jiàn yǒu guān zhuān jiā rèn wéi zhōng hán liǎng guó liáng hǎo de jīng mào guān xì shì
件。有关专家认为，中韩两国良好的经贸关系是
jiàn lì shuāng biān de jī chǔ zhōng hán zì yóu mào yì qū shì gòng yíng
建立双边 FTA的 基 础，中韩自由贸易区是共赢
de xuǎn zé
的选择。

<经济日报> 2005. 11. 25

단어정리

专家[zhuān jiā] : 전문가
探讨[tàn tǎo] : 연구 토론(하다), 탐구(하다)
双边自贸区[shuāng biān zì mào qū] : 상호 자유무역 지역
韩国驻华大使馆[hán guó zhù huá dà shǐ guǎn] : 주중 한국 대사관
对外经济政策研究院[duì wài jīng jì zhèng cè yán jiū yuàn] : 대외경제정책 연구원(KIEP)
未来[wèi lái] : 미래
合作方向[hé zuò fāng xiàng] : 협력 방향
主题[zhǔ tí] : 주제
国际研讨会[guó jì yán tǎo huì] : 국제 연구 토론회
回顾[huí gù] : 회고하다, 돌이켜보다
议题[yì tí] : 의제
与会的[yǔ huì de] : 참가한
年均[nián jūn] : 연평균, 日均[rì jūn] : 하루평균, 人均[rén jūn] : 일인당
建交[jiàn jiāo] : 외교 관계를 맺다, 국교를 맺다
明确[míng què] : 명확하다, 명확하게 하다
指明[zhǐ míng] : 분명히 지시하다, 명확히 지적하다

倡议[chàng yì] : (계획 따위를) 제안하다, 제의하다, 발의하다, 제안, 제의
可行性[kě xíng xìng] : 실행가능성, 실현가능성
民间[mín jiān] : 민간
已[yǐ] : 이미
具备[jù bèi] : 갖추다, 구비하다
基本[jī běn] : 기본
基础[jī chǔ] : 기초
共赢[gòng yíng] : 공영, win-win

习题[xí tí]

1. 在北京以什么主题召开了国际研讨会?
2. 双发指出在2012年中韩贸易规模要达到怎样的目标?

정답

1. 以未来中韩贸易合作方向为主题
2. 要达到2000亿美元的目标。

dì kè
第3课

nián nóng cūn jīng jì lǜ pí shū
06年农村经济绿皮书：
chéng xiāng rén jūn shōu rù bǐ lì
城乡人均收入比例3.22：1

nián nóng cūn jīng jì lǜ pí shū fā bù jiàn yì guó jiā cái
2006年≪农村经济绿皮书≫发布，建议国家财
zhèng zēng jiā duì nóng cūn tóu rù
政增加对农村投入。

zuó rì rì zhōng guó shè kē yuàn nóng cūn fā zhǎn yán jiū suǒ hé guó
昨日(14日)，中国社科院农村发展研究所和国
jiā tǒng jì jú děng dān wèi gòng tóng fā bù nián nóng cūn jīng jì lǜ pí
家统计局等单位共同发布2006年≪农村经济绿皮
shū shū zhōng zhǐ chū zuì xīn shù jù wǒ guó chéng xiāng shōu rù chā jù jì
书≫，书中指出，最新数据我国城乡收入差距継
xù kuò dà nián chéng xiāng rén jūn shōu rù bǐ lì gāo dá
续扩大，2005年城乡人均收入比例高达3.22：1.
zuó rì tóng shí jǔ xíng le zhōng guó shè kē yuàn shè kē wèn tí zhuān jiā nóng cūn
昨日同时举行了中国社科院社科问题专家、农村
wèn tí zhuān jiā guó jiā tǒng jì jú guān yuán cān jiā de nóng cūn jīng jì yán tǎo
问题专家、国家统计局官员参加的农村经济研讨
huì zhuān jiā zhǐ chū zhōng guó chéng xiāng jū mín zhī jiān shōu rù chà jù shí fēn
会。专家指出，中国城乡居民之间收入差距十分
xuán shū shì jì nián dài yǐ lái zhè yí chà jù yì zhí zài bú duàn
悬殊，20世纪90年代以来，这一差距一直在不断
kuò dà jù guó jiā tǒng jì jú shù jù nián nóng mín rén jūn chún shōu
扩大。据国家统计局数据，2005年农民人均纯收

rù yuán dāng nián chéng shì jū mín rén jūn kě zhī pèi shōu rù tū pò wàn
入3255元，当年城市居民人均可支配收入突破万
yuán dà guān dá dào yuán chéng xiāng jū mín rén jūn shōu rù bǐ lì gāo
元大关，达到10493元，城乡居民人均收入比例高
dá chà jù jìn yí bù kuò dà cǐ wài nóng cūn jū mín xiāo
达3.22：1，差距进一步扩大。此外，农村居民消
fèi shuǐ píng yě yì zhí yuǎn dī yú chéng shì jū mín nián nóng cūn jū
费水平也一直远低于城市居民。2004年农村居
mín rén jūn shēng huó xìng xiāo fèi zhī chū wéi yuán bǐ nián zēng cháng
民人均生活性消费支出为2185元，比2003年增长
yǐ xiàn jià jì ér chéng zhèn jū mín rén jūn xiāo fèi xìng zhī chū wéi
12.4%(以现价计)，而城镇居民人均消费性支出为
yuán bǐ nián zēng zhǎng nóng cūn jīng jì lǜ
7182元， 比2003年增长10.3%。≪农村经济绿
pí shū zhǐ chū tuī jìn xīn nóng cūn jiàn shè xū yào tiáo zhěng guó jiā cái zhèng
皮书≫指出，推进新农村建设需要调整国家财政
zhī chū jié gòu hé gù dìng zī chǎn tóu zī jié gòu zēng jiā duì nóng cūn de tóu
支出结构和固定资产投资结构，增加对农村的投
rù jìn yí bù jiā qiáng nóng yè jī chǔ shè shī jiàn shè jiā qiáng nóng cūn gōng gòng
入，进一步加强农业基础设施建设，加强农村公共
shè shī jiàn shè gǎi shàn nóng cūn shēng chǎn tiáo jiàn hé nóng mín shēng huó huán jìng
设施建设，改善农村生产条件和农民生活环境。

<经济日报>2006. 4. 14(记者申剑丽)

第二篇 经济文章阅读

단어정리

农村[nóng cūn] : 농촌
城乡[chéng xiāng] : 도시와 농촌, 도농
人均[rén jūn] : 1인당 평균의 준말
收入[shōu rù] : 수입, 소득
比例[bǐ lì] : 비례, 비율
绿皮书[lǜ pí shū] : 보고서
投入[tóu rù] : 투입하다
发布[fā bù] : 발포하다
建议[jiàn yì] : 건의(하다), 제의하다.
财政[cái zhèng] : 재정
增加[zēng jiā] : 증가하다, 더하다, 늘리다
中国社科院[zhōng guó shè kē yuàn] : 중국사회과학원
农村发展研究所[nóng cūn fā zhǎn yán jiū suǒ] : 농촌 발전 연구소
国家统计局[guó jiā tǒng jì jú] : 국가 통계국
单位[dān wèi] : (단체 기관 등의) 단위, 부문
最新[zuì xīn] : 최신
数据[shù jù] : 수치
显示[xiǎn shì] : 현시하다, 나타내 보이다
举行[jǔ xíng] : 거행하다, 개최하다, 실시하다
研讨会[yán tǎo huì] : 연구 토론회
社科问题[shè kē wèn tí] : 사회 과학 문제
农村问题[nóng cūn wèn tí] : 농촌 문제
专家[zhuān jiā] : 전문가
官员[guān yuán] : 관리, 관원
差距[chā jù] : 격차
悬殊[xuán shū] : 현저한, 큰 차이가 있는
纯收入[chún shōu rù] : 순소득
生活性[shēng huó xìng] : 생활상의
消费支出[xiāo fèi zhī chū] : 소비지출
不断[bú duàn] : 계속, 끊임없이
扩大[kuò dà] : 확대하다, 넓히다
支配[zhī pèi] : 지배하다, 안배하다, 배치하다, 지도하다
达到[dá dào] : 달성하다, 도달하다
人均收入[rén jūn shōu rù] : 일인당 소득
消费水平[xiāo fèi shuǐ píng] : 소비 수준
远低于[yuǎn dī yú] : …보다 훨씬 낮다

城镇[chéng zhèn] : 도시(대소도시)
支出[zhī chū] : 지출
一直[yì zhí] : 계속해서, 끊임없이, 똑바로
可支配收入[kě zhǐ pèi shōu rù] : 가처분소득(DI)
需要[xū yào] : 수요(하다)
结构[jié gòu] : 구성, 구조, 조직
增加[zēng jiā] : 증가하다
此外[cǐ wài] : 이밖에
推进[tuī jìn] : 추진하다
调整[tiáo zhěng] : 조정(하다)
固定资产[gù dìng zī chǎn] : 고정 자산
基础设施[jī chǔ shè shī] : 기반시설, 사회기반시설(SOC)
公共设施[gōng gòng shè shī] : 공동시설
公共事业[gōng gòng shì yè] : 공공사업
改善[gǎi shàn] : 개선(하다)
建设[jiàn shè] : 건설(하다)
加强[jiā qiáng] : 강화하다, 보강하다
生产条件[shēng chǎn tiáo jiàn] : 생산 조건
生活环境[shēng huó huán jìng] : 생활 환경

习题[xí tí]

1. 2004年城镇居民人均消费性支出是多少？
   比2003年增长了多少？
2. 农村经济绿皮书指出的内容？

정답

1. 7182元 , 10.3%
2. 推进新农村建设需要调整国家财政支出结构和固定资产投资结构，增加对农村的投人，进一步加强农业基础设施建设，加强农村公共设施建设，改善农村生产条件和农民生活环境。

dì kè
第4课

wǒ guó jiāng zhú bù shí xíng chéng xiāng píng děng de
jiù yè zhì dù
我国将逐步实行城乡平等的就业制度

xīn huá wǎng běi jīng yuè rì diàn jì zhě liú yì zhàn
新华网北京3月28日电(记者刘奕湛)。

wǒ guó jiāng gǎi gé chéng xiāng fēn gē de jiù yè guǎn lǐ tǐ zhì zhú bù shí
我国将改革城乡分割的就业管理体制，逐步实
xíng chéng xiāng píng děng de jiù yè zhì dù jiàn lì chéng xiāng tǒng yī píng děng jìng
行城乡平等的就业制度，建立城乡统一、平等竞
zhēng de láo dòng lì shì chǎng zhú bù xíng chéng shì chǎng jīng jì tiáo jiàn xià cù jìn
争的劳动力市场，逐步形成市场经济条件下促进
nóng cūn fù yú láo dòng lì zhuǎn yí jiù yè de jī zhì wèi chéng xiāng láo dòng zhě
农村富余劳动力转移就业的机制，为城乡劳动者
tí gòng píng děng de jiù yè jī huì hé fú wù nóng mín gōng wèn tí shí zhì shàng
提供平等的就业机会和服务。农民工问题实质上
zhǔ yào shì nóng mín zhuǎn yí jiù yè wèn tí guó wù yuàn guān yú jiě jué nóng
主要是农民转移就业问题。≪国务院关于解决农
mín gōng wèn tí de ruò gàn yì jiàn yào qiú gè dì qū gè bù mén yào
民工问题的若干≫意见要求，各地区、各部门要
jìn yí bù qīng lǐ hé qǔ xiāo gè zhǒng zhēn duì nóng mín gōng jìn chéng jiù yè de
进一步清理和取消各种针对农民工进城就业的
qí shì xìng guī dìng hé bù hé lǐ xiàn zhì nóng mín gōng de xíng zhèng shěn pī hé
歧视性规定和不合理限制农民工的行政审批和
xíng zhèng shōu fèi bù dé yǐ jiě jué chéng zhèn láo dòng wéi yóu qīng tuì hé pái chì
行政收费，不得以解决城镇劳动为由清退和排斥

nóng mín gōng
农民工。

zhēn duì nóng mín gōng zhuǎn yí jiù yè fú wù hé zhí yè jì néng péi xùn wèn tí
针对农民工转移就业服务和职业技能培训问题，
yì jiàn yào qiú jiàn lì jiàn quán xiàn xiāng gōng gòng jiù yè fú wù wǎng luò
《意见》要求建立健全县乡公共就业服务网络，
wèi nóng mín zhuǎn yí jiù yè tí gòng fú wù chéng shì gōng gòng zhí yè jiè shào jī
为农民转移就业提供服务。城市公共职业介绍机
gòu yào xiàng nóng mín gōng kāi fàng miǎn fèi tí gòng zhèng cè zī xún jiù yè xìn
构要向农民工开放，免费提供政策咨询，就业信
xī jiù yè zhǐ dǎo hé zhí yè jiè shào shū chū dì hé shū rù dì yào jiā
息，就业指导和职业介绍。输出地和输入地要加
qiáng xié zuò gǔ lì fā zhǎn gè lèi jiù yè fú wù zǔ zhī gè dì yào jì
强协作，鼓励发展各类就业服务组织。各地要継
xù shí shī hǎo nóng cūn láo dòng lì zhuǎn yí péi xùn yáng guāng gōng chéng wán shàn nóng
续实施好农村劳动力转移培训阳光工程。完善农
mín gōng péi xùn bǔ tiē bàn fǎ duì cān jiā péi xùn de nóng mín gōng gěi yú shì
民工培训补贴办法，对参加培训的农民工给予适
dāng péi xùn fèi bǔ tiē yì jiàn hái yào qiú dà lì fā zhǎn miàn xiàng nóng
当培训费补贴。《意见》还要求大力发展面向农
cūn de zhí yè jiào yù zhī chí gè lèi zhí yè jì shù yuàn xiào kuò dà nóng cūn
村的职业教育。支持各类职业技术院校扩大农村
zhāo shēng guī mó gǔ lì nóng cūn chū gāo zhōng bì yè shēng jiē shòu zhèng guī zhí
招生规模，鼓励农村初、高中毕业生接受正规职
yè jì shù jiào yù tōng guò shè lì zhù xué jīn fā fàng zhù xué dài kuǎn děng
业技术教育。通过设立助学金、发放助学贷款等
fāng shì bāng zhù jiā tíng kùn nán xué shēng wán chéng xué yè
方式，帮助家庭困难学生完成学业。

<新华网>（2006. 3. 38）

단어정리

将[jiāng] : 장차, 방금, 막, 겨우, 가까스로, 근근히
平等[píng děng] : 평등
逐步[zhú bù] : 한 걸음 한 걸음, 점차
实行[shí xíng] : 실행하다
就业[jiù yè] : 취업(하다)
制度[zhì dù] : 제도
管理体制[guǎn lǐ tǐ zhì] : 관리 체제
改革[gǎi gé] : 개혁(하다)
分割[fēn gē] : 분할하다, 갈라서 나누다, 구분
平等竞争[píng děng jìng zhēng] : 공정경쟁
统一[tǒng yī] : 통일, 통일하다
条件[tiáo jiàn] : 조건, 기준
市场经济[shì chǎng jīng jì] : 시장 경제
富余劳动力[fù yú láo dòng lì] : 잉여 노동력
实质[shí zhì] : 실질
若干[ruò gān] : 약간
机会[jī huì] : 기회
针对[zhēn duì] : 정곡을 찌르다, ~에 대응하다
转移[zhuǎn yí] : 옮기다, 이동하다, 변화하다, 변천하다
农民工[nóng mín gōng] : 농민공(농촌에서 도시로 이주한 노동자)
清理[qīng lǐ] : 깨끗이 정리하다, 청산하다
取消[qǔ xiāo] : 취소하다, 제거하다, 없애다
以~ 为由[yǐ wéi yóu] : ~을 이유(핑계)로 삼아
歧视[qí shì] : 경시(하다), 차별 대우(하다)
审批[shěn pī] : 심사하여 허가(비준) 하다
清退[qīng tuì] : 거부하다
排斥[pái chì] : 배척하다
服务网络[fú wù wǎng luò] : 서비스 네트워크
健全[jiàn quán] : (사물이)건전하다, 완전하다, 완비하다, 완벽하게 하다
县乡[xiàn xiāng] : 현와 읍
转移就业[zhuǎn yí jiù yè] : 직업전환, 전직
职业介绍机构[zhí yè jiè shào jī gòu] : 직업소개 기관
培训[péi xùn] : (기술자 전문 간부 등을) 훈련, 양성하다
免费[miǎn fèi] : 무료
协作[xié zuò] : 합력(하다)
开放[kāi fàng] : 개방하다, 공개하다
提供[tí gòng] : 제공하다

指导[zhǐ dǎo] : 지도(하다)
咨询[zī xún] : 컨설팅, 자문
信息[xìn xī] : 정보
输出地[shū chū dì] : 수출지, 공급지
输入地[shū rù dì] : 수입지, 수요처
鼓励[gǔ lì] : 격려하다, 북돋우다
阳光工程[yáng guāng gōng chéng] : 햇볕 사업
给予[gěi yú] : (베풀어) 주다
适当[shì dāng] : 때마침 (…을) 만나다, 적절하다, 적당하다
补贴[bǔ tiē] : 보조금, 수당
各类[gè lèi] : 각종
大力[dà lì] : 큰 힘, 강력하게, 힘껏
面向[miàn xiàng] : ~을 대상으로 하다
接受[jiē shòu] : 받아들이다, 수락하다, 받다
正规[zhèng guī] : 정규적인, 정식의
教育[jiào yù] : 교육
初高中[chū gāo zhōng] : 중학교와 고등학교
毕业生[bì yè shēng] : 졸업생
职业技术[zhí yè jì shù] : 직업기술
招生规模[zhāo shēng guī mó] : 신입생 모집의 규모
助学金[zhù xué jīn] : 학자금(보통 **助学金**은 성적에 관계없이 생활이 곤란한 학생에게 지급하는 장학금, **奖学金** : 학업 우수자에게 지급하는 장학금을 의미)
助学贷款[zhù xué dài kuǎn] : 학자금 대출

习题[xí tí]

1. 此报道是何年何月何日发出的？
2. ≪国务院关于解决农民工问题的若干意见≫ 是指？

정답

1. 2006年新华网北京3月28日。
2. 各地区，各部门要进一步清理和取消各种针对农民工进城就业的歧视性规定和不合理限制清理对企业使用农民工的行政审批和行政收费，不得以解决城镇劳动力就业为由清退和排斥农民工。

dì kè
第5课

yānghang zài cì shàng tiáo dài kuǎn lì lǜ cún
央行再次上调贷款利率存

kuǎn lì lǜ bù biàn
款利率不变

xīn huá wǎng běi jīng yuè rì diàn jì zhě zhāng xù dōng
新华网北京4月27日电(记者张旭东)

jì zhě rì cóng zhōng guó rén mín yín háng huò xī rén mín yín háng jué dìng
记者27日从中国人民银行获悉，人民银行决定

yuè rì qǐ shàng tiáo jīn róng jī gòu dài kuǎn jī zhǔn lì lǜ jīn róng jī
4月28日起上调金融机构贷款基准利率。金融机

gòu yì nián qī dài kuǎn jī zhǔn lì lǜ shàng tiáo ge bǎi fēn diǎn yóu xiàn
构一年期贷款基准利率上调0.27个百分点，由现

xíng de tí gāo dào qí tā gè dàng cì dài kuǎn lì lǜ
行的5.58%提高到5.85%。其他各档次贷款利率

yě xiāng yīng tiáo zhěng jīn róng jī gòu cún kuǎn lì lǜ bǎo chí bú biàn rén
也相应调整。 金融机构存款利率保持不变。 人

mín yín háng chēng běn cì shàng tiáo jīn róng jī gòu dài kuǎn lì lǜ shì wèi le jìn
民银行称，本次上调金融机构贷款利率是为了进

yí bù gǒng gù hóng guān tiáo kòng chéng guǒ bǎo chí guó mín jīng jì chí xù kuài
一步巩固宏观调控成果，保持国民经济持续、快

sù xié tiáo jiàn kāng fā zhǎn de liáng hǎo shì tóu jìn yí bù fā huī jīng
速、协调、健康发展的良好势头，进一步发挥经

jì shǒu duàn zài zī yuán pèi zhì hé hóng guān tiáo kòng zhōng de zuò yòng
济手段在资源配置和宏观调控中的作用。

dài kuǎn lì lǜ shàng tiáo hòu lǎo bǎi xìng fáng dài fù dān huì bu huì jiā zhòng
贷款利率上调后，老百姓房贷负担会不会加重?

shāng yè yín háng gè rén shāng yè xìng dài kuǎn lì lǜ yě yīng suí zhe běn
“商业银行个人商业性 贷款利率，也应随着本
cì dài kuǎn lì lǜ shàng tiáo cóng zhè gè yì yì shàngjiǎng lǎo bǎi xìng de fáng
次贷款利率上调。从这个意义上讲，老百姓的房
dài fù dān jiāng lüè yǒu shàngshēng zhàopéngshuō bú guò shāng yè yín háng kě
贷负担将略有上升”。赵鹏说：不过，商业银行可
yǐ cǎi yònggèng jiā líng huó de huánkuǎn fāng shì kě huǎn jiě duì lǎo bǎi xìng de
以采用更加灵活的还款方式，可缓解对老百姓的
huánkuǎn fù dān
还款负担”。

àn zhào yāngháng nián yuè chū tái de tiáo zhěngshāng yè yín háng zì yíng
按照央行2005年3月出台的调整商业银行自营
xìng gè rén zhù fáng dài kuǎnzhèng cè yānghháng yǐ jiāng xiàn xíng de zhù fáng dài kuǎn
性个人住房贷款政策，央行已将现行的住房贷款
yōu huì lì lǜ huí guī dào tóng qī dài kuǎn lì lǜ shuǐ píng shí háng xià xiàn guǎn
优惠利率回归到同期贷款利率水平，实行下限管
lǐ xià xiàn lì lǜ shuǐ píng wèi xiāngyīng qī xiàn dàng cì dài kuǎn jī zhǔn lì lǜ
理，下限利率水平为相应期限档次贷款基准利率
de bèi shāng yè yín háng fǎ rén kě gēn jù jù tǐ qíngkuàng zì zhǔ què dìng
的0.9倍，商业银行法人可根据具体情况自主确定
lì lǜ shuǐ píng hé nèi bù dìng jià guī zé
利率水平和内部定价规则。

nián de zhè yí zhèng cè yì wèi zhe fáng dài de xià xiàn lì lǜ
“2005年的这一政策， 意味着房贷的下限利率
shuǐ píng yǐ jīng hé jīn róng jī gòu de dài kuǎn jī zhǔn lì lǜ xiāng guà gōu
水平，已经和金融机构的贷款基准利率相挂钩。
fáng dài lì lǜ xiāngyīng shàngshēng shì bì rán de shì qíng
房贷利率相应上升，是必然的事情”。

yí wèi yè nèi rén shì shuō běn cì dài kuǎn lì lǜ shàng tiáo duì fáng dì
一位业内人士说。本次贷款利率上调，对房地
chǎn shì chǎng lái shuō yě zhǐ shì shāo yǒu yǐng xiǎng yīn xīn lǐ yǐng xiǎng
产市场来说，也只是稍有影响。“因心理影响，28

第二篇 经济文章阅读

rì gǔ shì zhōng de fáng dì chǎn gǔ piào kě néng huì xià háng dàn fú dù bú huì
日股市中的房地产股票可能会下行，但幅度不会
tài dà mù qián zhěng ge fáng dì chǎn de xū qiú hái shì shí fēn qiáng jìn fáng
太大。目前，整个房地产的需求还是十分强劲，房
jià yě bú huì yǒu míng xiǎn xià jiàng sū yàn zhù shuō dài kuǎn lì lǜ shàng tiáo
价也不会有明显下降。苏彦祝说，“贷款利率上调，
jiā dà le fáng dì chǎn shāng de kāi fā chéng běn dàn tā mén hái huì jiāng qí zhuǎn
加大了房地产商的开发成本，但他们还会将其转
jià dào gòu fáng zhě shēn shang sū yàn zhù hái shuō kǎo lǜ dào cún zài zhēn
嫁到购房者身上”。苏彦祝还说，“考虑到存在真
shí xū qiú yào zhì lǐ fáng dì chǎn shì chǎng hái bì xū yī kào zōng hé cuò
实需求，要治理房地产市场，还必须依靠综合措
shī
施”。

<新华网> 2006. 4. 27

단어정리

再次[zài cì] : 다시
上调[shàng tiáo] : 상향 조정하다, (가격을) 올리다
贷款[dài kuǎn] : 대출, 대부, 대부하다, 대출하다
存款[cún kuǎn] : 저금(하다), 예금(하다) 贷款[dài kuǎn] : 대출, 汇款[huì kuǎn] : 송금, 存折[cún zhé] : 통장
利率[lì lǜ] : 이율, 금리
金融机构[jīn róng jī gòu] : 금융기관
获悉[huò xī] : 정보를 얻다, 소식(사실)을 알게 되다
基准[jī zhǔn] : 기준
相应[xiāng yīng] : 응당(마땅히) …해야 한다
健康发展[jiàn kāng fā zhǎn] : 건전한 발전
进一步[jìn yí bù] : 진일보하다, 한 걸음 나아가다
巩固[gǒng gù] : 견고하다, 공고하다, 튼튼하다
经济手段[jīng jì shǒu duàn] : 경제수단
势头[shì tóu] : 형세, 정세, 추세, 위세, 기세
资源配置[zī yuán pèi zhì] : 자원배분
宏观调控[hóng guān tiáo kòng] : 거시조절

灵活[líng huó]：민첩한, 재빠른, 원활한, 융통성 있는
称[chēng]：(문어체)말하다, 저울에 달다, ~라고 불리다
缓解[huǎn jiě]：완화시키다, 풀어지다
自营性[zì yíng xìng]：자영성
还款[huán kuǎn]：상환
下限[xià xiàn]：하한
挂钩[guà gōu]：손을 잡다, 제휴하다, 연계시키다
略有[lüè yǒu]：약간
强劲[qiáng jìn]：강력하다, 세차다
房贷[fáng dài]：주택 대출
股市[gǔ shì]：주식 시장, 股份：주식, 股东：주주, 股价：주가
明显[míng xiǎn]：뚜렷하다, 분명히 드러나다
下降[xià jiàng]：하강하다, 내려앉다, 떨어지다, 낮아지다
治理[zhì lǐ]：다스리다, 관리하다, 처리/정리하다
房地产[fáng dì chǎn]：부동산
房价[fáng jià]：주택가
需求[xū qiú]：수요, 供给[gōng jǐ]：공급
成本[chéng běn]：비용
转嫁[zhuǎn jià]：다시 시집가다, 전가하다, 뒤집어씌우다, 떠넘기다
影响[yǐng xiǎng]：<명> 영향, <동> 양향을 주다
购房者[gòu fáng zhě]：주택구매자
将[jiāng]：把
依靠[yī kào]：의지하다, 기대다, 의뢰하다
综合[zōng hé]：종합적인
措施[cuò shī]：조치(하다), 대책

习题[xí tí]

1. 人民银行决定什么时候开始上调金融机构贷款基准利率？
2. 2005年的政策意味着什么？

정답

1. 4月28日
2. 房贷的下限利率水平已经和金融机构的贷款基准利率相挂钩，房贷利率相对上升，是必然的事情。

有用的词组，连词和虚词 1

爱~ 不[ài bù]：~알아서 ~하든 말든 하다

ài qù bu qù nǐ suí biàn
爱去不去，你随便！

按说[àn shuō]~：사실대로 말하면, 이치에 맞게 말하면, 도리에 맞게 말하면

dōu guò qù le àn shuō bù gāi zhè me rè le
都过去了，按说不该这么热了。

把~ 说成是[bǎ shuō chéng shì]··· ：~을 ···라고 말하다

yǒu rén bǎ shī miánshuōchéng shì xíngchéng jí bìng de yí dìng yīn sù
有人把失眠说成是形成疾病的一定因素。

半~ 半[bàn bàn]··· ：반쯤 ~하고 반쯤 ···하다

tǔ chū bàn jié er yòu tūn zhe bàn jié er
吐出半节儿，又吞着半节儿。

本着[běn zhe]~ 原则[yuán zé] ：~ 원칙대로, ~원칙에 따라

wài jiāo huó dòngyīngdāng běn zhe guó jì fǎ yuán zé hé guī fàn
外交活动应当本着国际法原则和规范。

本着[běn zhe]~ 精神[jīng shén] ：~ 정신에 입각하여

在~ 基础上[zài~ jī chǔ shang] ：~ 기초위에, ~을 기초로

wǒ men de jiāo wǎng shì jiàn lì zài xiāng hù xìn rèn de jī chǔ shang de
我们的交往是建立在相互信任的基础上的。

不必[bú bì] ~：~ 할 필요가 없다

nǐ bú bì gǔ dòng wǒ yě bú bì lā long wǒ wǒ shì bú huì xīn dòng de
你不必鼓动我，也不必拉拢我，我是不会心动的。

不管[bù guǎn]~ 怎么样[zěn me yàng]：~에 관계없이, ~를 막론하고

bù guǎnjiāng lái zěn me yàng xiàn zài yào hǎo hāo xué xí
不管将来怎么样，现在要好好学习。

不禁[bù jīn]~：~을 금하지 못하다, ~지 않을 수 없다

kàn dào zhè lǐ tā bù jìn dà chī yì jīng
看到这里，他不禁大吃一惊。

不配[bú pèi] ~：~할 자격이 없다

tā men bù pèi shuō zhè zhǒng huà
他们不配说这种话。

不得[bù dé]~ = 不准[bù zhǔn]~ = 不许[bù xǔ] : ~ 해서는 안 되다

jià chē shí bù dé chōu yān
驾车时不得抽烟。

~ 不力[bú lì] : ~에 힘을 기울이지 않다, ~이 잘 되지 않다

kòng zhì bù lì
控制不力。

不是[bú shì]~, 便是(就是)[biàn shì(jiù shì)] … : ~아니면 …이다

bù shì nǐ biàn shì wǒ
不是你，便是我。

不是[bú shì]~, 而是(乃是)[ér shì](nǎi shì)… : ~가 아니라 …다

zǔ bèi liú gěi wǒ men de zhēn guì de cái fù bù shì jīn qián ér shì wén huà hé jīng shén
祖辈留给我们的珍贵的财富不是金钱，而是文化和精神。

不致[bú zhì]~ : ~지는 않을 것이다

shì qián zuò hǎo zhǔn bèi jiù bù zhì shǒu máng jiǎo luàn le
事前做好准备，就不致手忙脚乱了。

~不就是吗[bú jiù shì ma]？ : ~이 아닐까? ~이 아니겠느냐?

zhè bù jiù shì nín xiǎng yào de ma
这不就是您想要的吗?

不由分说[bù yóu fēn shuō] : 다짜고짜, 변명할 여지를 주지 않다

tā bù yóu fēn shuō lā le wǒ jiù zǒu
他不由分说，拉了我就走。

称之为[chēng zhī wéi] : ~라고 불리다, ~라고 부르다

wǒ men cháng bǎ wèi zhèng yì ér xiàn shēn de rén chēng zhī wéi liè shì
我们常把为正义而献身的人称之为烈士。

耻于[chǐ yú]~ : ~을 부끄럽게 여기다

tā chǐ yú shuō chū nà duàn bù guāng cǎi de lì shǐ
他耻于说出那段不光彩的历史。

出于[chū yú]~ : ~ 로부터 나오다, ~에서 비롯되다, ~때문이다

nǐ chū yú shén me mù dì
你出于什么目的?

~ 得不亦乐乎[de bù yì lè hū] : 너무 ~하다, 어찌 기쁘지 않은가

sòng fàn sòng shuǐ máng de bù yì lè hū
送饭送水，忙得不亦乐乎。

~ 不得了[bù dé liǎo] : 너무 ~하다 /~ 得要命[de yào mìng] 너무 ~하다

对~ 表示赞赏[duì~ biǎo shì zàn shǎng] : ~에 대해 칭찬하다, ~을 높이 평가하다

xiāo fèi zhě duì zhè kuǎn xīn chǎn pǐn biǎo shì zàn shǎng
消费者对这款新产品表示赞赏。

凡~ 的[fán de] : 무릇 ~하는 모든 것(사람)

fán xī wàng jì xù xué xí de dōu kě yǐ shēng xué
凡希望継续学习的，都可以升学。

反而[fǎn ér] : 오히려, 도리어

lǎo zhāng jiā zhù dé zuì yuǎn fǎn ér tā xiān lái le
老张家住得最远，反而他先来了。

凡是 ~[fán shì] : ~하는 모든 것

fán shì nǐ kàn guò de diànyǐng wǒ dōu kàn guò
凡是你看过的电影我都看过。

该~ 的[gāi~ de] : 마땅히 ~해야 할 것

wǒ men lái yán jiū yī xià gāi qǔ xiāo de qǔ xiāo gāi zēng jiā de zēng jiā
我们来研究一下，该取消的取消，该增加的增加。

~个够[ge gòu] : 실컷 ~하다

wǒ men wán le ge gòu
我们玩了个够。

固然[gù rán]~, 但是[dàn shì] : 비록 ~하기는 하지만

xué xí gù rán zhòng yào dàn shì bù néng hū shì shēn tǐ jiàn kāng
学习固然重要，但是不能忽视身体健康。

高(低)于[gāo(dī)yú]~ : ~보다 높다(낮다)

zhōng guó de wù jià dī yú ōu měi guó jiā
中国的物价低于欧美国家。

dì kè
第6课

bĕn kē shēng péi yăng chéng bĕn yuē wéi yí ge pín kùn xiàn nóng mín nián shōu rù
本科生培养成本约为一个贫困县农民35年收入

yí ge bĕn kē shēng nián zuì shăo huā fèi wàn xiāng dāng yú yí ge pín kùn xiàn nóng mín nián de chún shōu rù zhè hái shì zài bù kăo lǜ nóng mín zì shēn de chī fàn chuān yī kàn bìng yăng lăo dĕng yīn sù de qíng kuàng xià

一个本科生4年最少花费2.8万，相当于一个贫困县农民35年的纯收入，这还是在不考虑农民自身的吃饭，穿衣，看病，养老等因素的情况下。

yuè jiào yù bù guān yuán biăo shì jiāng huì tóng guó wù yuàn yŏu guān bù mén lián hé chū tái gāo xiào shēng jūn chéng bĕn hé dìng bàn fă dà xué shēng péi yăng chéng bĕn wèn tí zài cì chéng wéi méi tĭ guān zhù de jiāo diăn cĭ bàn fă néng fŏu kuò qīng péi yăng chéng bĕn de zhū sī wăng jìn ér jiĕ kāi jiào yù luàn shōu fèi de qiān qiān jié gĕi shè huì shàng guān xīn jiào yù shōu fèi wèn tí de rén yí ge zhēn shù zì gè fāng pŭ biàn bú gòu lè guān

4月，教育部官员表示将会同国务院有关部门联合出台高校生均成本核定办法，大学生培养成本问题再次成为媒体关注的焦点。此办法能否廓清培养成本的“蛛丝网”，进而解开教育乱收费的“千千结”，给社会上关心教育收费问题的人一个真数字？各方普遍不够乐观。

jīng rén de shù zì
惊人的数字

shù zì zuì kū zào què zuì yǒu lì gěi péi yǎng chéng běn qiú jiě xū
数字最枯燥却最有力。给培养成本求"解"，须
cóng yǐ zhī de dà xué shōu fèi shù zì rù shǒu
从已知的大学收费数字入手。

bèi nián liǎng huì qī jiān zhèng xié wěi yuán sūn jì yè zhǐ chū
25倍：2006年两会期间，政协委员孙继业指出
zhōng guó gāo xiào gǎi gé kāi fàng qián shì miǎn fèi jiào yù nián qián zhǎng dào
中国高校改革开放前是免费教育，20年前涨到200
yuán nián zhǎng dào yuán nián zài zhǎng dào yuán yuán
元，1995年涨到800元，2005年再涨到5000元，近
nián de shí jiān li shàng zhǎng bèi
20年的时间里上涨25倍。

nián àn zhào měi míng pín kùn dà xué shēng měi nián píng jūn zhī chū
35年：按照每名贫困大学生每年平均支出7000
yuán jì suàn bāo kuò xué fèi shēng huó fèi hé zhù sù fèi yí ge běn kē shēng
元计算(包括学费，生活费和住宿费)，一个本科生
nián zuì shǎo huā fèi wàn xiāng dāng yú yí ge pín kùn xiàn nóng mín nián
4年最少花费2.8万，相当于一个贫困县农民35年
de chún shōu rù zhè hái shì zài bù kǎo lǜ nóng mín zì shēn de chī fàn chuān
的纯收入，这还是在不考虑农民自身的吃饭，穿
yī yǎng lǎo děng yīn sù de qíng kuàng xià
衣，养老等因素的情况下。

wàn jù tǒng jì zhōng guó pín kùn dà xué shēng rén shù hé bǐ lì jiē
320万：据统计，中国贫困大学生人数和比例皆
chéng xùn sù zēng zhǎng qū shì mù qián gāo xiào pín kùn shēng zǒng shù yǐ gāo dá
呈迅速增长趋势。目前高校贫困生总数已高达320
wàn rén qí zhōng jī běn shēng huó wú fǎ bǎo zhàng de tè kùn dà xué shēng duō
万人，其中基本生活无法保障的特困大学生100多

wàn gāo xiào pín kùn shēng bǐ lì dá lìng jù diào chá yǒu
万，高校贫困生比例达25%；另据调查，有25.5%
de jiā tíng yīn fù dān bù liǎo shàng dà xué de fèi yòng ér bú yuàn zài shēng rù dà
的家庭因负担不了上大学的费用而不愿再升入大
xué zài bǎi dù sōu suǒ lǐ shū rù gāo kǎo xué fèi zì shā zì yàng tiào
学；在百度搜索里输入“高考学费自杀”字样，跳
chū de xiāng guān nèi róng dá wàn tiáo jù jiào yù zhèng cè yán jiū suǒ
出的相关内容达18万条。据“教育政策研究所”
gōng bù de shù jù shì jiè shang xué zuì guì de wéi rì běn dà xué shēng píng
公布的数据，世界上学最贵的为日本，大学生平
jūn nián zhī chū wéi yīng páng dàn kǎo lǜ dào rì běn rén jūn
均年支出为8930英磅。但考虑到日本人均GDP
wéi zhōng guó de bèi rì běn rén de yīng páng xiāng dāng yú zhōng guó rén
为中国的31倍，日本人的8930英磅相当于中国人
yuán de zhī fù néng lì ér zhōng guó dà xué shēng měi nián shí jì zhī fù
3550元的支付能力，而中国大学生每年实际支付
què chāo wàn yuán cóng zhè gè jiǎo dù lái jiǎng zhōng guó dà xué shēng měi nián de zhī
却超万元，从这个角度来讲中国大学生每年的支
chū xiāng dāng yú rì běn de bèi wěn jū quán qiú dì yī
出相当于日本的3倍，稳居全球第一。

xià jiàng nóng cūn xué shēng zài zhòng diǎn dà xué suǒ zhàn de bǐ lì chéng xià jiàng
下降：农村学生在重点大学所占的比例呈下降
qū shì
趋势。

jù wǒ guó gāo děng jiào yù gōng píng wèn tí de yán jiū jié guǒ qīng huá
据“我国高等教育公平问题的研究”结果，清华
dà xué nián nóng cūn xué shēng de bǐ lì wéi bǐ nián
大学2000年农村学生的比例为17.6%，比1990年
jiǎn shǎo ge bǎi fēn diǎn běi jīng dà xué nián nóng cūn xué shēng bǐ
减少4.1个百分点；北京大学1999年农村学生比

lì wéi bǐ nián jiǎn shǎo ge bǎi fēn diǎn ér běi jīng
例为16.3%比1991年减少2.5个百分点；而北京

shī fàn dà xué nián de nóng cūn xué shēng de bǐ lì wéi bǐ
师范大学2000年的农村学生的比例为22.3%，比

nián jiǎn shǎo le ge bǎi fēn diǎn
1990年减少了5.7个百分点。

<人民网> 2006. 04. 14

단어정리

成本[chéng běn] : 비용
培养[péi yǎng] : 배양, 양성하다
本科生[běn kē shēng] : 학부생
贫困[pín kùn] : 빈곤하다, 곤궁하다
花费[huā fèi] : 쓰다, 들이다, 소비하다
考虑[kǎo lǜ] : 고려하다
自身[zì shēn] : 자신, 본인
看病[kàn bìng] : 진찰하다, 진찰(치료)를 받다
养老[yǎng lǎo] : 노인을 봉양하다, 여생을 보내다, 양로
纯收入[chún shōu rù] : 순소득
因素[yīn sù] : 요소
教育部[jiào yù bù] : 교육부
有关部门[yǒu guān bù mén] : 유관 부문
联合[lián hé] : 연합·결합(하다), 단결(하다), 공동(하다)
出台[chū tái] : 공개적으로 활동하다, 공포하거나 실시하다, 나오다
核定[hé dìng] : 조사하여(심사하여) 결정하다, 사정하다
办法[bàn fǎ] : 방법
再次[zài cì] : 재차, 거듭, 두 번째
关注[guān zhù] : 관심(을 가지다), 배려(하다)
媒体[méi tǐ] : (대중) 매체
焦点[jiāo diǎn] : (관심·사건 따위의) 초점
进而[jìn ér] : 더 나아가
不够~[bú gòu] : ~하기에 충분하지 않다, ~하기 어렵다
解开[jiě kāi] : 해체하다, 풀다

关心[guān xīn] : 관심(하다)
乱收费[luàn shōu fèi] : (제멋대로) 함부로 비용을 받다, (근거없는) 잡비
廓清[kuò qīng] : 숙청하다, 일소하다, 쓸어버리다, 제거하다
蜘丝网[zhī sī wǎng] : 거미줄, 여기서 비유 복잡한 상황
千千结[qiān qiān jié] : 많은 매듭, 많은 어려움
枯燥[kū zào] : 무미건조하다
普遍[pǔ biàn] : 보편적이다, 널리 퍼져 있다
乐观[lè guān] : 낙관하다, 낙관적이다
惊人[jīng rén] : 놀라게 하다
两会[liǎng huì] : 전인대와 정치협상회의
上涨[shàng zhǎng] : 오르다
免费[miǎn fèi] : 무료
学费[xué fèi] : 학비
住宿费[zhù sù fèi] : 기숙사 비
本科生[běn kè shēng] : 학부생
相当于[xiāng dāng yú] : ~에 해당하다
迅速[xùn sù] : 신속하다, 급속하다
基本生活[jī běn shēng huó] : 기본 생활
另[lìng] : 또 다른, 별도의
皆[jiē] : 모두
呈[chéng] : 보이다, 드러내다
保障[bǎo zhàng] : 보장하다, 보증하다, 보장, 보증
特困[tè kùn] : 매우 곤란한, 특별히 가난한
无法[wú fǎ] : ~할 수 없다
负担[fù dān] : 부담(하다)
百度搜索[bǎi dù sōu suǒ] : 바이두 검색엔진(중국의 인터넷 검색회사)
自杀[zì shā] : 자살하다
跳出[tiào chū] : 뛰어 나가다, 나타나다
相关内容[xiāng guān nèi róng] : 관련 내용
英磅[yīng bàng] : 파운드(영국화폐단위)
调查[diào chá] : 조사하다
家庭[jiā tíng] : 가정
全球[quán qiú] : 전 지구, 전 세계
实际[shí jì] : 실제, 실제적인
角度[jiǎo dù] : 각도, 관점, 시각
重点大学[zhòng diǎn dà xué] : 중점대학 (정부가 정한 중요한 대학)
减少[jiǎn shǎo] : 적게 하다, 감소하다, 줄이다
百分点[bǎi fēn diǎn] : 퍼센트

习题[xí tí]

1. 一个本科生四年的花费是多少？
2. 据调查，有多少家庭因负担不起大学的学费，而不愿升入大学？

정답

1. 2.8万元
2. 25.5%的家庭

第7课 高房价下七成居民无力购新房

专家认为这意味着住宅有可能彻底变成投资商品，中国城市居民住房消费已经达到中高收入国家水平，但其中却至少有70%的居民没有购买新房的能力。

日前，不同来源的两份报告揭示了中国房地产市场面临的问题。有关专家分析认为，这意味着在中国，住宅将有可能彻底变成一种投资商品。

高房价重压之下居民购房能力萎缩。

申银万国证券研究所提供的一份研究报告表明，从1998年至2005年7年间，中国城市居民居住面积平均增长1.17平米/年/人，增长速度惊人。

截至2005年末人均住房建筑面积已经超过26平方米。“比照联合国人居中心、世界银行的相关研究报告，从居住面积这个指标看，如果按照官方汇率计算国民收入或者GDP，中国城市居民的住房消费已经达到中高收入国家的水平，显然已经脱离了经济发展水平，属于住房的超前消费”。然而，申银万国证券研究所高级分析师陈昱新表示：从衡量城市居民负担水平的房价收入比看，我国各大城市已经出现城市居民难以承担房价压力，自住购房动力不足的问题。陈昱新说“2006年1季度，上海、北京、南京等12城市的房价收入比均已处于偏高范围”。

而北京师范大学金融研究中心发布的《中国房地产金融安全评估报告》则称，我国东部地区商品房均价已达到4000元左右。根据我国2005年城市户均收入在1.5万元至1.7万元计算，如果

gòu mǎi yí tào píng fāng mǐ de xīn fáng kě néng fáng jià shōu rù bǐ zài

购买一套70平方米的新房，可能房价收入比在13

bèi yuán zuǒ yòu de shāng pǐn fáng jià gé yì wèi zhe zài chéng shì jū mín

倍，4000元左右的商品房价格意味着在城市居民

dāng zhōng zhì shǎo méi yǒu gòu mǎi xīn shāng pǐn fáng de néng lì

当中，至少70%没有购买新商品房的能力。

yè nèi zhuān jiā fēn xī shuō zhù fáng xiāo fèi chāo qián yǔ fáng jià shōu rù bǐ

业内专家分析说，住房消费超前与房价收入比

zhī jiān chū xiàn de xiān míng duì bǐ biǎo míng, chéng shì jū mín yǐ jīng wèi gòu

之间出现的鲜明对比表明，城市居民已经为购

mǎi zhù fáng ér chāo zhī, dàn bú duàn fēi zhǎng de fáng jià xiǎn rán yǐ jīng chāo

买住房而超支，但不断飞涨的房价显然已经超

guò le qí zhōng dà duō shù rén de chéng shòu fàn wéi zhè yì wèi zhe zhōng guó

过了其中大多数人的承受范围。这意味着，中国

de fáng dì chǎn shì chǎng jiāng chū xiàn zhòng dà biàn huà tóu zī xū qiú jiāng qǔ dài

的房地产市场将出现重大变化：投资需求将取代

zì zhù xū qiú chéng wéi fáng jià zǒu xiàng guān jiàn yīn sù kāi fā shāng men jiāng yǒu

自住需求成为房价走向关键因素。开发商们将有

kě néng yuǎn lí lǎo bǎi xìng de zhù fáng yāo qiú zhuān wèi shǎo shù rén gài fáng zi

可能远离老百姓的住房要求，专为少数人盖房子”。

<经济参考报> 2006. 4. 15

第二篇 经济文章阅读

단어정리

七成[qī chéng] : 70%
至少[zhì shǎo] : 최소한, 적어도
无力[wú lì] : 힘이 없다, 무력하다, 능력이 없다
购买[gòu mǎi] : 구입/구매 하다,
来源[lái yuán] : 내원, 근원, 출처,
报告[bào gào] : 보고(하다), 진술(하다), 보고(서), 리포트
揭示[jiē shì] : 게시하다, 드러내어 보이다
面临[miàn lín] : 직면하다
住宅[zhù zhái] : 주택
彻底[chè dǐ] : 철저하다, 투철하다
投资商品[tóu zī shāng pǐn] : 투자 상품, 투자 대상
萎缩[wěi suō] : 시들어 오그라들다, (몸이)위축하다, 쇠퇴하다, 활기를 잃다,
世界银行[shì jiè yín háng] : 세계은행(World Bank)
指标[zhǐ biāo] : 지표, 목표
汇率[huì lǜ] : 환율
计算[jì suàn] : 계산(하다), 환산
脱离[tuō lí] : 이탈하다, 벗어나다, 관계를 끊다
房价收入比[fáng jià shōu rù bǐ] : 소득에 대한 주택가 비율
超前消费[chāo qián xiāo fèi] : 이전 수준을 넘는 소비
衡量[héng liàng] : 따져보다, 판단하다, 평정하다, 가늠하다,
北京师范大学金融研究中心[běi jīng shī fàn dà xué jīn róng yán jiū zhōng xīn] : 베이징사범대 금융연구센터
发布[fā bù] : 발포하다, 선포하다
商品房[shāng pǐn fáng] : 상품주택
中国房地产金融安全评估报告[zhōng guó fáng dì chǎn jīn róng ān quán píng gū bào gào] : 중국 부동산 금융 안전 평가보고,
承担[chéng dān] : 담당하다, 맡다
户均[hù jūn] : 가구당
房价压力[fáng jià yā lì] : 방값 압력
不足[bù zú] : 부족하다, 모자라다, …하기에 부족하다, …할 가치가 없다
称[chēng] : 말하다, 달다
鲜明对比[xiān míng duì bǐ] : 분명한 대비
超支[chāo zhī] : 지출이 초과되다, 적자지출, 초과지출
意味着[yì wèi zhe] : ~을 의미하다
承受范围[chéng shòu fàn wéi] : 감당 가능한 범위

走向[zǒu xiàng] : 추세, 방향, …을 향해 나아가다
业内[yè nèi] : 업내, 업계
有可能[yǒu kě néng] : 할 가능성이 있다, 아마
少数人[shǎo shù rén] : 소수
专[zhuān] : 전문적으로~하다,~에 몰두하다

习题[xí tí]

1. 在中国有多少居民没有购买新房的能力？
2. 中国房地产市场面临的问题意味着什么？

정답

1. 70%的居民
2. 意味着住宅在中国可能会彻底变成一种投资商品。

dì kè ràngzhènxīngdōng běi zhàn lüè shēn rù rén xīn
第8课 让振兴东北战略深入人心

zuò wéi guó wù yuànzhèn xīng dōng běi bàn de guān fāng wǎngzhàn hé zhèn xīng dōng
作为国务院振兴东北办的官方网站和振兴东
běi zuì dà de wǎngshàng xìn xī fā bù píng tái liǎng nián lái zhèn xīng dōng běi
北最大的网上信息发布平台，两年来，振兴东北
wǎngquán wēi fā bù dǎngzhōngyāng guó wù yuànguān yú zhèn xīng dōng běi de zhòng yào
网权威发布党中央、国务院关于振兴东北的重要
zhèng cè hé bù shǔ quánmiàn bào dào dōng běi zhèn xīng dòng tài yǔ cǐ tóng shí
政策和部署，全面报道东北振兴动态。与此同时，
tā mén bú duàn bǎ wǎngshàngguān yú zhèn xīng dōng běi de jiàn yán xiàn cè fǎn kuì
它们不断把网上关于振兴东北的建言献策反馈
dào zhèng fǔ bù mén shí jiàn zhe zhèn xīng dōng běi bàn lǐng dǎo yāo qiú de bǎ
到政府部门，实践着振兴东北办领导要求的“把
zhèng cè jiāo gěi qún zhòng quánmiàn jiè shàodōng běi ràng shè huì gòngtóng cān yǔ
政策交给群众，全面介绍东北，让社会共同参与”
de bàn wǎngzōng zhǐ tǐ xiàn zhe xīn huá shè fù shè cháng lǔ wěi tí chū de wǎng
的办网宗旨，体现着新华社副社长鲁炜提出的“网
shàngdōng běi děng bā dà gōngnéng nián lái zhèn xīng dōng běi wǎng rì jūn fǎng
上东北”等八大功能。2年来，振兴东北网日均访
wèn rén cì chí xù shàngshēng yǐ cóng kāi tōng chū de rén cì shàngshēng dào
问人次持续上升，已从开通初的2000人次上升到
měi tiān wàn duō rén cì zuì gāo dá wàn yǐ shàng zài hǎi nèi wài guǎng dà
每天7万多人次，最高达10万以上，在海内外广大

wǎng mín zhōng chǎn shēng le jiào dà yǐng xiǎng
网民中产生了较大影响。

≪振兴东北网≫ 2006. 12. 12.

단어정리

战略[zhàn lüè] : 전략
国务院[guó wù yuàn] : 국무원
党中央[dǎng zhōng yāng] : (중국 공산당의) 당 중앙위원회의 약어
信息[xìn xī] : 소식, 정보, 뉴스
发布[fā bù] : 발포하다, 선포하다
平台[píng tái] : 마당, 장, 플랫폼
关于~[guān yú~] : ~에 관해서(관하여), ~에 관한
重要[zhòng yào] : 중요하다
报道[bào dào] : 보도하다
与此同时[yǔ cǐ tóng shí] : 이와 동시에
不断[bú duàn] : 끊임없다, 끊임없이, 부단히
政府部门[zhèng fǔ bù mén] : 정부 부문
实践[shí jiàn] : 실천(하다), 실행(하다), 이행(하다)
参与[cān yǔ] : 참여하다, 참견하다, 가담하다
介绍[jiè shào] : 소개하다
新华社[xīn huá shè] : 신화사(1938년 연안에서 창립된 중국 최대의 국영통신사)
副社长[fù shè zhǎng] : 부사장
提出[tí chū] : 제출하다, 제의하다, 꺼내다
功能[gōng néng] : 기능, 작용, 효능, 활동 능력
访问人次[fǎng wèn rén cì] : 방문자 수
持续[chí xù] : 지속하다, 계속 유지하다
上升[shàng shēng] : 상승하다, 올라가다
开通[kāi tōng] : 개통하다
海内外[hǎi nèi wài] : 국내외, 전세계
网民[wǎng mín] : 네티즌
产生[chǎn shēng] : 발생하다, 생기다
官方[guān fāng] : 정부 당국, 정부 측

官方网站[guān fāng wǎng zhàn] : 정부 웹 사이트
振兴[zhèn xīng] : 진흥하다, 떨쳐 일으키다, 흥성하게 하다
权威[quán wēi] : 권위 있는
部署[bù shǔ] : 역할분담, 배치하다(安排 보다 무거운 어감을 가짐)
动态[dòng tài] : 변화상황, 동태
建言[jiàn yán] : 건의하다, (주장이나 의견을) 진술하다
献策[xiàn cè] : 대책(방안)을 내놓다
反馈[fǎn kuì] : (정보나 반응이) 되돌아오다, 피드백
实践[shí jiàn] : 실천하다
宗旨[zōng zhǐ] : 종지, 취지
日均[rì jūn] : 하루 평균 "每日平均[měi rì píng jūn]"의 약어
人均[rén jūn] : 일인당
上网[shàng wǎng] : (인터엣에) 접속하다
因特网[yīn tè wǎng] : 인터넷(=互联网)

习题[xí tí]

1. 东北网主要发布的内容？
2. 东北网日均访问人次最高达到多少？

정답

1. 党中央，国务院关于振兴东北的重要政策和和部署，全面报道东北振兴动态。
2. 最高达到 10万人以上。

dì kè dà bù kuà yuè qián jǐng guǎng kuò

第9课 大步跨越前景广阔

wǒ guó duì wài jīng mào jìn nián fā zhǎn xùn měng qù nián duì wài mào yì shǒu
我国对外经贸近年发展迅猛，去年对外贸易首
cì kuà yuè wàn yì měi yuán dà guān shí jì yǐn jìn de wài zī é dá
次跨越万亿美元大关，实际引进的外资额达606
yì duō měi yuán chuàng chū xīn de jì lù zhōng guó yǔ zhǔ yào jīng mào huǒ bàn
亿多美元，创出新的纪录。中国与主要经贸伙伴
hán guó de jīng mào fā zhǎn gèng jiā xùn sù hán guó jì xù chéng wéi zhōng guó de
韩国的经贸发展更加迅速，韩国继续成为中国的
dì sì dà mào yì huǒ bàn jìn rì wǒ men zhuān fǎng le shāng wù bù jīng mào
第四大贸易伙伴。近日，我们专访了商务部经贸
yán jiū yuàn yán jiū yuán xú cháng wén qǐng tā tán tán yǒu guān zhōng hán jīng mào de
研究院研究员徐长文，请他谈谈有关中韩经贸的
yǒu guān wèn tí
有关问题。

jì zhě qǐng nín tán tán zhōng hán jīng mào mù qián qíng kuàng
记者：请您谈谈中韩经贸目前情况。

xú cháng wén nián zhōng hán mào yì é tū pò yì měi yuán dà
徐长文：2004年中韩贸易额突破900亿美元大
guān hán guó jì xù chéng wéi zhōng guó de dì sì dà mào yì huǒ bàn gēn jù
关，韩国继续成为中国的第四大贸易伙伴。根据
hán guó de tǒng jì zhōng hán mào yì é yǐ jīng chāo guò hán guó tóng měi guó de
韩国的统计，中韩贸易额已经超过韩国同美国的

mào yì ér chéng wéi hán guó de dì yī dà mào yì huǒ bàn zhōng guó hái shì hán
贸易而成为韩国的第一大贸易伙伴，中国还是韩
guó de dì yī dà chū kǒu shì chǎng zì nián kāi shǐ zhōng guó yǐ jīng chéng
国的第一大出口市场。自2002年开始中国已经成
wéi hán guó de dì yī dà tóu zī duì xiàng guó nián hán guó qǐ yè duì
为韩国的第一大投资对象国，2004年韩国企业对
zhōng guó zhí jiē tóu zī de shí jì shǐ yòng jīn é bǐ shàng nián zēng zhǎng
中国直接投资的实际使用金额比上年增长39.2%，
yǐ jīng chāo guò měi guó hé rì běn duì zhōng guó de dì yī dà tóu zī guó
已经超过美国和日本，对中国的第一大投资国。
jīn nián yuè zhōng hán mào yì bǐ qù nián zēng zhǎng jīn é dá dao
今年1－8月中韩贸易比去年增长5.7%，金额达到
yì měi yuán quán nián jiāng chāo guò yì měi yuán liǎng guó jīng mào guān
710亿美元，全年将超过1000亿美元，两国经贸关
xì chéng wéi zhōng guó duì wài jīng mào fā zhǎn de xīn liàng diǎn
系成为中国对外经贸发展的新亮点。

jì zhě zhōng hán jīng mào fā zhǎn xùn sù qí zhōng yǒu hé tè diǎn
记者：中韩经贸发展迅速，其中有何特点？

xú cháng wén jìn rù nián yǐ lái zhōng hán liǎng guó de jīng mào guān
徐长文：进入2000年以来，中韩两国的经贸关
xì chéng kuài sù fā zhǎn zhī shì jù yǒu yǐ xià jǐ gè zhǔ yào tè diǎn yī
系呈快速发展之势，具有以下几个主要特点：一
shì liǎng guó mào yì zēng zhǎng jiā sù zì nián zhì nián de zhōng
是两国贸易增长加速。自2000年至2004年的中
hán mào yì yǐ nián jūn de sù dù zēng zhǎng zhè gè sù dù bù jǐn
韩贸易以年均30.1%的速度增长，这个速度不仅
gāo yú tóng yī qī jiān zhōng guó duì wài mào yì nián jūn zēng zhǎng de shuǐ
高于同一期间中国对外贸易年均增长26.7%的水
píng , gèng gāo yú hán guó duì wài mào yì nián jūn zēng cháng de sù dù
平，更高于韩国对外贸易年均增长13.4%的速度。
jìn nián lái liǎng guó mào yì dà fú dù zēng cháng de zhǔ yào yuán yīn shì shǒu xiān
近5年来两国贸易大幅度增长的主要原因是，首先

liǎng guó jīng jì chí xù kuài sù zēng cháng qí cì hán guó shāng pǐn jìng zhēng lì
两国经济持续快速增长。其次，韩国商品竞争力

qiáng yǔ qí tā guó jiā hé dì qū xiāng bǐ hán guó hěn duō jì shù hán liàng gāo
强，与其他国家和地区相比，韩国很多技术含量高

de shāng pǐn jià gé jiào shì hé zhōng guó shì chǎng shòu hòu fú wù yě lìng xiāo fèi zhě
的商品价格较适合中国市场，售后服务也令消费者

mǎn yì zài cì shì zài zhōng guó shè lì de hán guó sān zī qǐ yè jiāng chǎn pǐn
满意。再次是在中国设立的韩国三资企业将产品

bú duàn fǎn xiāo huí hán guó huò chū kǒu dào qí tā shì chǎng zēng qiáng le zhōng guó
不断返销回韩国或出口到其他市场，增强了中国

de chū kǒu néng lì lìng wài， jìn nián lái hán guó qǐ yè duì zhōng guó zhí jiē
的出口能力。另外，近年来韩国企业对中国直接

tóu zī de dà fú zēng zhǎng yě dài dòng le hán guó chǎn pǐn hé xiāng guān líng bù jiàn
投资的大幅增长也带动了韩国产品和相关零部件

duì zhōng guó chū kǒu de jí jù zēng jiā èr shì zhōng guó de huá dōng dì qū chéng
对中国出口的急剧增加。二是中国的华东地区成

wéi hán guó chū kǒu zēng cháng zuì kuài de dì qū sān shì duì hán guó chū kǒu de
为韩国出口增长最快的地区。三是对韩国出口的

zhǔ yào shāng pǐn jūn dà fú dù chāo guò shàng nián shuǐ píng zhōng guó duì hán guó chū
主要商品均大幅度超过上年水平。中国对韩国出

kǒu de shāng pǐn zhǒng lèi hěn duō dàn shì jīn é zuì dà de shì liù dà lèi shāng
口的商品种类很多，但是金额最大的是六大类商

pǐn jí jī diàn yīn xiàng shè bèi jí bù jiàn fǎng zhī yuán liào jí zhì pǐn
品，即机电音像设备及部件、纺织原料及制品、

jiàn jīn shǔ jí zhì pǐn kuàng chǎn pǐn huà gōng jí gōng yè chǎn pǐn hé jìn nián
贱金属及制品、矿产品、化工及工业产品和近年

lái duì hán guó chū kǒu zēng zhǎng jiào kuài de huó dòng wù jí dòng wù zhì pǐn hòu
来对韩国出口增长较快的活动物及动物制品，后

zhě yǐ jīng qǔ dài le jǐ nián qián de zhí wù chǎn pǐn zhè liù dà lèi shāng pǐn
者已经取代了几年前的植物产品。这六大类商品

zhàn duì hán guó chū kǒu zǒng é de zuǒ yòu sì shì cóng hán guó jìn kǒu
占对韩国出口总额的80%左右。四是从韩国进口

商品结构发生较大变化。近年来中国从韩国的进口增长也很快，其中增长最大的也是六大类商品，2004年从全韩国的进口增长45.9%，占从韩国进口总额的比重由上年的86%升至2004年的近90%。

这六大类商品是，机电音像设备及部件、塑料橡胶及制品、贱金属及制品、化工及工业产品、矿产品、纺织原料及制品，但是自2003年开始纺织原料及制品已经被光学和医疗等仪器所取代，并成为中国从韩国进口的第二大类商品；贱金属及制品和化工及工业产品的位次也分别由2004年的4、5位跃升到近两年的第3和第4位。这是近两年来，中国从韩国的进口商品结构发生的最大变化。

记者：中韩两国经贸关系可以用国际罕见的“跨越式”发展来形容，这为进一步扩大和深化中韩经贸合作奠定了坚实基础。在未来，中韩的经贸

hé zuò qián jǐng rú hé
合作前景如何?

xú cháng wén shí jǐ nián lái zhōng hán jīng mào fā zhǎn de shí jiàn biǎo míng liǎng
徐长文：十几年来中韩经贸发展的实践表明，两
guó mào yì de fā zhǎn yuǎn yuǎn kuài yú zhōng guó tóng qí tā guó jiā mào yì de
国贸易的发展远远快于中国同其他国家贸易的
fā zhǎn zhōng hán liǎng guó nián jiàn jiāo dāng nián mào yì é yě zhī yǒu
发展，中韩两国1992年建交，当年贸易额也只有50
yì měi yuán yù jì jīng guò nián de nǔ lì dào nián biàn kě chāo guò
亿美元，预计经过13年的努力，到2005年便可超过
yì měi yuán cóng shí jǐ nián lái zhōng hán liǎng guó de jīng mào fā zhǎn
1000亿美元。从十几年来中韩两国的经贸发展
de shí jiàn kàn liǎng guó jiàn lì guān xì de tiáo jiàn jī běn jù bèi xiāng
的实践看，两国建立FTA关系的条件基本具备，相
xìn liǎng guó jiàn lì guān xì hòu jīng mào fā zhǎn de bù fá huì gèng kuài
信两国建立FTA关系后，经贸发展的步伐会更快。

《经济日报》 2005. 10. 27.

단어정리

大步[dà bù] : 큰 걸음
跨越[kuà yuè] : (지역이나 시기를) 뛰어넘다
前景[qián jǐng] : 전경,장래, 전망(展望), 전도
广阔[guǎng kuò] : 넓다, 광활하다,
迅猛[xùn měng] : 매우 빠른, 날씨고 사납다
近年[jìn nián] : 근년, 요 몇 해 사이
去年[qù nián] : 작년, 지난 해
首次[shǒu cì] : 최초, 첫째
大关[dà guān] : (금액 따위의) 큰 한계, 단위
外资[wài zī] : 외자
引进[yǐn jìn] : (사람, 자금, 기술, 장비 따위를) 끌어들이다, 도입하다
贸易伙伴[mào yì huǒ bàn] : 교역 상대
专访[zhuān fǎng] : 특별 방문, 전문적 방문
谈谈[tán tán] : 한담하다, 잡담하다
投资对象国[tóu zī duì xiàng guó] : 투자 대상국
直接投资[zhí jiē tóu zī] : 직접투자
已经[yǐ jīng] : 벌써
超过[chāo guò] : 초과하다, 상회하다
出口市场[chū kǒu shì chǎng] : 수출시장
亮点[liàng diǎn] : 빛
特点[tè diǎn] : 특색, 특징
增长[zēng zhǎng] : 늘어나다, 높아지다, 증가, 신장
加进[jiā jìn] : 넣다
大幅度[dà fú dù] : 대폭(적인)
技术含量[jì shù hán liàng] : 기술 함량
适合[shì hé] : ~에 적합하다
较[jiào] : 비교적, 비교하다
售后服务[shòu hòu fú wù] : 애프터 서비스
消费者[xiāo fèi zhě] : 소비자
急剧[jí jù] : 급격하다, 급속하다
三资企业[sān zī qǐ yè] : 삼자기업(합자, 합작, 독자기업)
返销[fǎn xiāo] : 되팔다, 국가가 농촌으로부터 구입한 식량을 농촌에 다시 팔다, 국가가 보유하고 있는 식량을 방출하다, 재수출
相关[xiāng guān] : 관련되다, 관계하다
零部件[líng bù jiàn] : 부품과 부분품

华东地区[huá dōng dì qū] : 화동지구
带动[dài dòng] : 이끌다
种类[zhǒng lèi] : 종류
机电音像设备[jī diàn yīn xiàng shè bèi] : 전기 동력 및 음향 설비
纺织原料[fǎng zhī yuán liào] : 방직 원료(소재)
制品[zhì pǐn] : 제품
贱金属[jiàn jīn shǔ] : 저가 금속
光学仪器[guāng xué yí qì] : 광학기기
矿产品[kuàng chǎn pǐn] : 광산물
活动物[huó dòng wù] : 산 동물
植物[zhí wù] : 직물
塑料[sù liào] : 가소성 고분자 화합물의 총칭, 비닐
橡胶[xiàng jiāo] : 고무,
罕见[hǎn jiàn] : 보기 드물다, 희한하다
跨越式[kuà yuè shì] : 비약적인
跨越[kuà yuè] : (지역이나 시기를)뛰어넘다
奠定[diàn dìng] : 다지다, 닦다, 안정시키다
位次[wèi cì] : 지위, 순위, 석차, 자리 순서
跃升[yuè shēng] : 뛰어 오르다
预计[yù jì] : 미리 어림하다, 예상하다
实践[shí jiàn] : 실천(하다), 실행(하다), 이행(하다)
步伐[bù fá] : 발걸음

习题[xí tí]

1. 去年实际引进的外资额是多少?
2. 预计经过13年的努力,到2005年贸易额会超多多少?

정답

1. 606亿多美元.
2. 1000亿美元.

有用的词组，连词和虚词 2

好在[hǎo zài]：다행히, 마침

wǒ yǒu kòng zài lái hǎo zài lí zhè er bù yuǎn
我有空再来，好在离这儿不远。

怪 ~的[guài de]：너무 ~하다

ràng wǒ jìn qù bā guài è de
让我进去吧，怪饿的。

怪不得[guài bu de]：어쩐지, 그도 그럴 것이, 탓할 수 없다

guài bu de tā shuō zhōng wén shuō de nà me hǎo
怪不得他说中文说得那么好。

既然[jì rán]~：이미 ~한 이상, ~인 바에는

jì rán zhī dào zuò cuò le jiù yīng dāng jiū zhèng
既然知道做错了，就应当纠正。

即使[jí shǐ]~：설사 ~일지라도(=**即便**[jí biàn])

jí shǐ míng tiān xià yǔ wǒ yě yào qù
即使明天下雨，我也要去。

迥异于[jiǒng yì yú]~：~와 차이가 심하다, ~와 크게 다르다

zhè gè wèn tí wán quán jiǒng yì yú nà gè wèn tí
这个问题完全迥异于那个问题。

鉴于[jiàn yú]~：~에 비추어, ~을 고려하여, ~을 감안하여

jiàn yú nǐ de tài dù wǒ jué dìng yuán liàng nǐ le
鉴于你的态度，我决定原谅你了。

加以[jiā yǐ]~：더 ~하다.

wǒ xiǎng duì zhè shì jiā yǐ jiě shì
我想对这事加以解释。

截止到[jié zhǐ dào]~：~까지

xīn de shēn fèn zhèng bàn lǐ jié zhǐ dào shénme shí hòu
新的身份证办理截止到什么时候?

尽早[jǐn zǎo]：되도록 조속히, 가능한 한 빨리

nǐ bù yào zài pái huái le yào jǐn zǎo zuò jué dìng
你不要再徘徊了，要尽早做决定。

据[jù]~ : ~에 근거하면, ~에 따르면

jù hán guó fāng miàn yuè rì tòu lù, hán guó jì huá yú běn yuè dǐ tóng měi guó jìn xíng lián hé jūn shì yǎn xí
据韩国方面4月11日透露，韩国计划于本月底同美国进行联合军事演习。

可不是吗[kě bú shì ma] : 그러게요, 누가 아니래요, 그렇고 말고

tā zěn me cái lái ne
A. 他怎么才来呢?

kě bú shì ma tā zuó tiān wǎn shang kāi yè chē le
B. 可不是吗? 他昨天晚上开夜车了。

可见[kě jiàn] : 여기에서 알 수 있듯이, 이상에서 알 수 있듯이, ~임을 알 수 있다

tā zhè me nǔ lì, kě jiàn tā yǐ jīng biàn le
他这么努力，可见他已经变了。

历来[lì lái] : 역사적으로, 지금까지

lì lái dōu shì zhè yàng
历来都是这样。

连~ 都(也)[lián dōu(yě)]… : ~뿐 아니라 …도

zhè cì huó dòng lián lǎo shī dài xué shēng dōu cān jiā le
这次活动连老师带学生都参加了。

列为[liè wéi]~ : ~에 속하다, ~들다

liè wéi tóu děng dà shì
列为头等大事。

略有[lüè yǒu]~ : 약간 ~하다

shān dōng rén kǒu zì rán zēng zhǎng lǜ lüè yǒu tí gāo
山东人口自然增长率略有提高。

面临的[miàn lín de] : 당면, 당면한

mù qián dì qiú miàn lín de zuì dà wèn tí shì shén me
目前地球面临的最大问题是什么?

能否[néng fǒu]~ : ~할 수 있을까

zhè gè wèn tí néng fǒu jiě jué
这个问题能否解决?

难道[nán dào]~ : 설마~일까

tā men zuò de dào, nán dào wǒ men jiù zuò bú dào ma
他们做得到，难道我们就做不到吗?

难得[nán dé] : 얻기 힘들다, 모처럼

zhè shì yī gè nán dé de jī huì
这是一个难得的机会。

第二篇 经济文章阅读

难怪[nán guài]~ : ~ 하는 것이 당연하다, 어쩐지 ~라고 탓할 수 없다

nán guài tā jīn tiān zhè me gāo xìng yuán lái tā dāng le dì yī míng le
难怪他今天这么高兴，原来他当了第一名了。

难以[nán yǐ] ~ : ~하기 어렵다

yǒu huà zài xīn què nán yǐ chū kǒu
有话在心却难以出口。

岂不[qǐ bù]~ : 어찌 ~가 아닌가

nǐ zhè yàng zuò qǐ bù shì huǒ shàng jiā yóu
你这样做岂不是火上加油?

千万[qiān wàn]~(**不**[bù]) : 반드시, 꼭, 절대, 틀림없이, 부디, 아무쪼록, 제발(부정), ~하지 마라

ài qíng miàn qián nǐ qiān wàn bù yào zì bēi ò
爱情面前，你千万不要自卑哦。

且[qiě]~ **且**[qiě]··· : 한편으로 ~하고 한편으로 ···하다, ~했다 ···했다 하다

fáng jià qiě diào qiě zhǎng bèi hòu tuī shǒu dōu yǒu shuí
房价"且掉且涨"背后推手都有谁?

万万(没)[wàn wàn(méi)] : 조금도 ~않다, 절대 ~않다(추측)

wǒ wàn wàn méi yǒu liào dào de shì qing fā shēng le
我万万没有料到的事情发生了。

日 见[rì jiàn] : 날마다

取决于[qǔ jué yú]~ : ~에 달려 있다

若~ **若**···[ruò ruò] : ~같기도 하고 ···같기도 하다

qián miàn de rén ruò yǐn ruò xiàn kàn bù qīng chǔ
前面的人若隐若现，看不清楚。

若是[ruò shì]~ **哪会**[nǎ huì]··· : 만약 ~했더라면 어찌 ···할 수 있을까

ruò shì xìn xī líng tōng nǎ huì chī zhè gè kuī
若是信息灵通，哪会吃这个亏。

仍(然)[réng(rán)] : 여전히

mù qián shì chǎng shàng de zhǔ liú chǎn pǐn jià gé réng zài yuán zuǒ yòu
目前市场上的主流产品价格仍在3000元左右。

所[suǒ]~**的**[de] : ~하는 바

jì huá shēng yù suǒ chǎn shēng de zuò yòng bù xiǎo
计划生育所产生的作用不小。

为[wèi]~, **而**[ér]··· : ~을 위해 ···하다

tā wèi le xué xí zhōng wén ér qù zhōng guó liú xué
他为了学习中文，而去中国留学。

dì kè
第10课 dōng xī bù gòngyíng de zhòng dà zhàn lüè
东西部共赢的重大战略

nián dǐ xī qì dōng shū gōngchéngxuān bù zhèng shì tóu chǎn bìng quán
2004年底，西气东输工程宣布正式投产，并全
xiàn shí xiànshāng yè yùn yíng
线 实现商业运营!

shàng hǎi jiāng yǒu duō wàn hù jū mín yòngshàng lái zì gōng lǐ zhī
上海将有110多万户居民用上来自4000公里之
wài de tǎ lǐ mù de yōu zhì tiān rán qì xī qì dōng shū gōngchéng xī qǐ xīn
外的塔里木的优质天然气。西气东输工程西起新
jiāng lún nán rú wān yán de jù lóng chuān yuè gē bì shā mò pá shànghuáng tǔ
疆轮南，如蜿蜒的巨龙穿越戈壁沙漠，爬上黄土
gāo yuán tài hángshān mài fēi kuà huáng hé huái hé chángjiāng tú jīng
高原、太行山脉，飞跨黄河、淮河、长江，途经
gè shěng zì zhì qū zhí xiá shì quáncháng yuē gōng lǐ shè
10个省、自治区、直辖市，全长约4000公里，设
jì nián shū qì liàng yì lì fāng mǐ zhè tiáo héngchuānshénzhōu dà dì de
计年输气量120亿立方米。这条横穿神州大地的
jù dà guǎn dào shēngdòng de quán shì le xī bù dà kāi fā de zhàn lüè yì yì
巨大管道，生动地诠释了西部大开发的战略意义…
tā yì tóu wèi xī bù fā zhǎn zhù rù le huó lì yì tóu wèi dōng bù téng fēi
它一头为西部发展注入了活力，一头为东部腾飞
tí gòng le néngyuán hòu dùn shí xiàn le shì chǎng yào sù zī yuán de yǒu jī zhěng
提供了能源后盾，实现了市场要素资源的有机整

hé chéng zǎi le qū yù tǒng chóu xié diào fā zhǎn de lì shǐ zhòng rèn
合，承载了区域统筹协调发展的历史重任。

xī qì dōng shū zhī shì xī bù dà kāi fā shí shī nián lái de jǐ xiàng zhòng
西气东输只是西部大开发实施5 年来的几项重
dà gōng chéng zhī yī nián yuè dǎng zhōng yāng guó wù yuàn miàn xiàng
大工程之一。2000年1月，党中央、国务院面向
xīn shì jì gāo zhān yuǎn zhǔ zǒng lǎn quán jú zuò chū shí shī xī bù dà kāi
新世纪，高瞻远瞩，总揽全局，做出实施西部大开
fā de zhòng dà zhàn lüè jué cè yuè rì guó wù yuàn xī bù dì qū kāi fā
发的重大战略决策。1月16日国务院西部地区开发
lǐng dǎo xiǎo zǔ jí qí bàn gōng shì chéng lì shí shī xī bù dà kāi fā zhàn lüè
领导小组及其办公室成立，实施西部大开发战略
quán miàn zhǎn kāi xī bù dà kāi fā de fàn wéi shè jí guó tǔ miàn jī wàn
全面展开。西部大开发的范围涉及国土面积685万
píng fāng gōng lǐ nián mò zǒng rén kǒu yuē yì rén nián
平方公里，2004年末总人口约3.72亿人，2004年
dì qū shēng chǎn zǒng zhí yù jì wàn yì yuán
地区生产总值预计2.57万亿元。

dǎng de shí liù dà yǐ lái yǐ hú jǐn tāo tóng zhì wéi zǒng shū jì de dǎng
党的十六大以来，以胡锦涛同志为总书记的党
zhōng yāng duō cì qiáng diào yào jī jí tuī jìn xī bù dà kāi fā cù jìn qū yù
中央多次强调要积极推进西部大开发，促进区域
xié diào fā zhǎn guó wù yuàn bǎ jì xù shí shī xī bù dà kāi fā zhàn lüè zuò
协调发展。国务院把继续实施西部大开发战略作
wéi yī xiàng zhòng dà rèn wù liè rù zhòng yào yì shì rì chéng dǎng zhōng yāng guó
为一项重大任务列入重要议事日程。党中央、国
wù yuàn duō cì míng què tí chū zhōng yāng shí shī xī bù dà kāi fā de zhàn lüè
务院多次明确提出，中央实施西部大开发的战略
jué bú huì dòng yáo guó jiā duì xī bù dà kāi fā de zhī chí lì dù bú huì
绝不会动摇，国家对西部大开发的支持力度不会
jiǎn ruò xī bù dì qū jīng jì shè huì fā zhǎn bù fá bú huì jiǎn màn
减弱，西部地区经济社会发展步伐不会减慢。

《人民日报》 2005. 02. 05.

단어정리

底[dǐ] : 끝
西气东输工程[xī qì dōng shū gōng chéng] : 서쪽 지역의 가스를 동쪽 지역으로 끌어다 쓰는 사업
西部大开发[xī bù dà kāi fā] : 서부개발 사업
宣布[xuān bù] : 선포하다, 공표하다
正式[zhèng shì] : 정식의, 공식의
居民[jū mín] : 주민
来自~[lái zì] : ~에서 오다,~에서 나오다
~之外[zhī wài] : ~외에
投产[tóu chǎn] : 조업을 개시하다
全线[quán xiàn] : 전선, 전 구간
实现[shí xiàn] : 실현하다, 달성하다
商业运营[shāng yè yùn yíng] : 상업적 운영
塔里木[tǎ lǐ mù] : 타림
优质[yōu zhì] : 우수한 품질, 양질
天然气[tiān rán qì] : 천연 가스
西起[xī qǐ] : 서쪽으로 부터
穿越[chuān yuè] : 통과하다
轮南[lún nán] : 중국 신강성의 한 도시
戈壁沙漠[gē bì shā mò] : 고비 사막
黄土高原[huáng tǔ gāo yuán] : 황토 고원
太行山脉[tài háng shān mài] : 타이항산맥
黄河[huáng hé] : 황하
淮河[huái hé] : 회하
长江[cháng jiāng] : 창강
省[shěng] : 성
自治区[zì zhì qū] : 자치구
直辖市[zhí xiá shì] : 직할시
全长[quán cháng] : 전체 길/거리
约[yuē] : 대략
公里[gōng lǐ] : 킬로미터
米[mǐ] : 미터
厘米[lí mǐ] : 센티미터
毫米[háo mǐ] : 밀리미터
输气量[shū qì liàng] : 운송 가스의 양

立方米[lì fāng mǐ] : 입방미터(부피의 단위)
平方米[píng fāng mǐ] : 평방미터
途经[tú jīng] : …을 거치다(경유하다)
蜿蜒[wān yán] : (산, 강, 길 등이) 구불구불 흘러가다
横穿[héng chuān] : 횡단하다, 가로지르다
神州大地[shén zhōu dà dì] : (옛날) 중국의 이름(중국 국토를 지칭하는 말로 사용됨)
巨大[jù dà] : 거대하다
管道[guǎn dào] : 파이프라인
腾飞[téng fēi,] : 날다, 비약하다
诠释[quán shì] : 설명(하다), 해석(하다)
一头 … 一头[yì tóu … yì tóu] : …하면서 ~하다 =一边…一边
后盾[hòu dùn] : 뒷받침, 버팀목
有机整合[yǒu jī zhěng hé] : 유기적으로 조합하다, 유기적 결합
提供[tí gòng] : 제공하다
实施[shí shī] : 실시하다
工程[gōng chéng] : 사업, 공사, 공정
~之 一[~zhī yī] : ~ 의 하나
承载[chéng zǎi] : 적재 중량, 짊어지다, 담당하다
区域统筹[qū yù tǒng chóu] : 지역적으로 통일된 계획을 세우다, 지역을 함께 고려하다
新世纪[xīn shì jì] : 신세기
决策[jué cè] : 방법/정책을 결정하다
高瞻远瞩[gāo zhān yuǎn zhǔ] : (성어)멀리 앞일을 내다보다, 선견지명
总揽全局[zǒng lǎn quán jú] : 전체의 국면을 함께 고려하다
领导小组[lǐng dǎo xiǎo zǔ] : 지도자 그룹
办公室[bàn gōng shì] : 사무실
成立[chéng lì] : 성립되다(하다), 창립하다
涉及[shè jí] : 관련되다
总值[zǒng zhí] : 총액
预计[yù jì] : 예상
多次 [duō cì] : 여러번
强调[qiáng diào] : 강조하다
十六大[shí liù dà] : 중국 제16기 전국인민대표대회의 약어
以… 为~[yǐ … wéi~] : …을~(으)로 하다(보다, 여기다, 생각하다)
积极[jī jí] : 적극적이다, 열성적이다
推进[tuī jìn] : 추진하다
促进[cù jìn] : 촉진하다, 촉진력

继续[jì xù] : 계속
任务[rèn wù] : 임무, 책무
列入[liè rù] : 집어넣다, 끼워 넣다
议事日程[yì shì rì chéng] : 의사 일정
支持力度[zhī chí lì dù] : 지원 정도, 지원수준
明确[míng què] : 명확하다, 명확하게 하다
动摇[dòng yáo] : 동요하다, 흔들리다
步伐[bù fá] : 발걸음
减慢[jiǎn màn] : (속도를)늦추다, (속도가)느려지다
共赢[gòng yíng] : 윈윈, 공영

习题[xí tí]

1. 2000年党中央, 国务院做出怎样的战略决策?
2. 2004年地区生产总值预计是多少?

정답

1. 实施西部大开发
2. 57万亿元.

dì kè
第11课

lǐ kè qiáng xiáng jiě liáo níng fā zhǎn zhàn lüè huān yíng
guó nèi wài qǐ yè lái liáo tóu zī
李克强详解辽宁发展战略欢迎国内外企业来辽投资

xīn huá wǎng shěn yáng yuè rì diàn jì zhě chén mèng yáng
新华网沈阳4月14日电(记者陈孟阳)

zhōng gòng liáo níng shěng wěi shū jì liáo níng shěng rén dà cháng wěi huì zhǔ rèn lǐ
中共辽宁省委书记，辽宁省人大常委会主任李
kè qiáng rì zài shěn yáng biǎo shì liáo níng miàn lín lǎo gōng yè jī dì zhèn xīng
克强14日在沈阳表示，辽宁面临老工业基地振兴
de lì shǐ jī yù tóu zī jī huì fēi cháng duō huān yíng guó nèi wài de qǐ
的历史机遇，投资机会非常多，欢迎国内外的企
yè lái liáo níng kǎo chá tóu zī gòng tóng cān yǔ lǎo gōng yè jī dì zhèn xīng
业来辽宁考察投资，共同参与老工业基地振兴。

zài jīn tiān shàng wǔ jǔ xíng de quán guó qǐ yè jiā huó dòng rì kāi
在今天上午举行的2006全国企业家活动日开
mù shì shàng lǐ kè qiáng xiàng yǔ huì de duō míng lái zì quán guó gè dì
幕式上，李克强向与会的800多名来自全国各地
de zhī míng qǐ yè jiā jiè shào le liáo níng shěng de yōu shì chǎn yè hé fā zhǎn
的知名企业家介绍了辽宁省的优势产业和发展
zhàn lüè tā shuō liáo níng shì wǒ guó de lǎo gōng yè jī dì xiàn zài yě
战略。他说，辽宁是我国的老工业基地，现在也
shì yí ge yǐ gōng yè wéi zhǔ de shěng fèn qù nián liáo níng de chāo guò
是一个以工业为主的省份，去年辽宁的GDP超过
le yì yuán qí zhōng gōng yè de zēng zhǎng qǐ le zhòng yào de zhī chēng zuò
了8000亿元，其中工业的增长起了重要的支撑作

yòng qù nián liáo níng gōng yè qǐ yè de xiāo shòu shōu rù yǐ jīng tū pò
用。去年，辽宁工业企业的销售收入已经突破1
wàn yì yuán zī chǎn zǒng é dá dào wàn yì yuán liáo níng shì wǒ guó guó
万亿元，资产总额达到1.1万亿元。辽宁是我国国
yǒu qǐ yè bǐ jiào jí zhōng de dì qū guī mó yǐ shàng gōng yè qǐ yè zhōng guó
有企业比较集中的地区，规模以上工业企业中国
yǒu qǐ yè zhàn yǐ shàng qí zhōng xiāng dāng duō shì guó yǒu dú zī
有企业占60%以上，其中相当多是国有独资。

lǐ kè qiáng shuō liáo níng shěng zhèng zài tuī jìn guó yǒu qǐ yè de gǎi gé gǎi
李克强说，辽宁省正在推进国有企业的改革，改
zǔ gǎi zào cóng gǔ fèn zhì gǎi zào rù shǒu tuī jìn tóu zī zhǔ tǐ duō yuán
组，改造，从股份制改造入手推进投资主体多元
huà huān yíng gè dì qǐ yè wú lùn shì guó nèi de zhōng yāng qǐ yè mín
化。欢迎各地企业，无论是国内的中央企业，民
yíng qǐ yè hái shì wài zī qǐ yè kuà guó gōng sī lái liáo níng cān yǔ guó
营企业，还是外资企业，跨国公司，来辽宁参与国
yǒu qǐ yè de gǎi zǔ gǎi zào liáo níng shěng wěi shěng zhèng fǔ jiāng wèi zhè
有企业的改组，改造。辽宁省委，省政府将为这
xiē tóu zī zhě tí gòng gè zhǒng yōu huì tiáo jiàn wéi cān gǔ bìng gòu liáo níng
些投资者提供各种优惠条件，为参股，并购辽宁
qǐ yè zuò zhàn lüè tóu zī zhě tí gòng biàn lì tiáo jiàn gòng tóng tuī jìn guó yǒu
企业做战略投资者提供便利条件，共同推进国有
qǐ yè de shēn huà gǎi gé
企业的深化改革。

tā tóng shí biǎo shì liáo níng shěng bù jǐn yào duì lǎo de gōng yè qǐ yè jìn
他同时表示，辽宁省不仅要对老的工业企业进
xíng gǎi zào tóng shí hái yào xún zhǎo xīn de zēng cháng diǎn qù nián liáo níng shěng
行改造，同时还要寻找新的增长点，去年辽宁省
tí chū dān dōng zhuāng hé dà lián cháng xīng dǎo yíng kǒu jǐn zhōu wǔ diǎn
提出丹东－庄河－大连长兴岛－营口－锦州五点
yí xiàn jiā sù tuī jìn liáo níng yán hǎi dì qū fā zhǎn liáo níng yǒu duō
一线加速推进辽宁沿海地区发展。辽宁有2200多

公里的海岸线，有近2000平方公里的盐田，滩涂等待开发。这些盐田，滩涂都不是居民占地和农业用地，而且开发成本极低，一些地方一平方米的开发成本只要10-20元，这在其他地方很难找到。他表示，辽宁省敞开大门为国内外的投资者服务。

李克强认为，辽宁省要建设国家新型产业基地，必须通过自主创新来实现。需要优化升级，尤其是通过企业自主创新来提升产业层次。他表示，欢迎有实力的企业来辽宁开设研发中心，对此辽宁省将设专项资金进行支持。李克强同时提出，辽宁省将重点发展环保装备。他说，未来五年，辽宁省要使单位GDP能耗降低20%，任务很重，同时说明环保装备市场潜力也很大，不仅在辽宁，在全国其他地区也是如此。

因此欢迎国内企业，尤其是在发展新型环保产

yè fāng miàn yǒu fā zhǎn zhàn lüè de qǐ yè lái liáo níng tóu zī liáo níng shěng jiāng
业方面有发展战略的企业来辽宁投资，辽宁省将

jìn zuì dà kě néng tí gòng biàn lì
尽最大可能提供便利。 <新华网> 2006. 04. 15.

단어정리

详解[xiáng jiě] : 자세한 해석, 상세한 설명, 상세하게 해석하다
辽宁省省委书记[liáo níng shěng shěng wěi shū jì] : 요령성 당 위원회 서기
书记[shū jì] : 서기
人大常委会[rén dà cháng wěi huì] : 인민대표대회 상임위원회
主任[zhǔ rèn] : 주임
欢迎[huān yíng] : 환영하다
面临[miàn lín] : (문제 상황에)직면하다, 당면하다, 앞에 놓여 있다
老工业基地[lǎo gōng yè jī dì] : 구 공업기지
机遇[jī yù] : 좋은 기회(경우), 찬스
考察[kǎo chá] : 현지 조사하다, 시찰하다, 고찰
开幕式[kāi mù shì] : 개막식
介绍[jiè shào] : 소개하다
优势产业[yōu shì chǎn yè] : 비교우위 산업
支撑[zhī chēng] : 버티다, 지탱하다, 지주(支柱), 버팀목
独资[dú zī] : 독자기업
国有企业[guó yǒu qǐ yè] : 국유기업
民营企业[mín yíng qǐ yè] : 민영기업
外资企业[wài zī qǐ yè] : 외자기업
跨国公司[kuà guó gōng sī] : 다국적 기업
改组[gǎi zǔ] : 개조(하다), 개편(하다)
改造[gǎi zào] : 개조(하다), 개혁(하다)
股份制[gǔ fèn zhì] : 주식제
多元化[duō yuán huà] : 다원화
优惠[yōu huì] : 특혜 ,우대
参股[cān gǔ] : 주식 출자(하다), 주식 투자에 참여하다
并购[bìng gòu] : 인수합병, M&A, 兼并 + 收购
敞开大门[chǎng kāi dà mén] : 대문을 활짝 열다, 널리 개방하다

便利[biàn lì] : 편리하다, 편리하게 하다
沿海地区[yán hǎi dì qū] : 연해지역
海岸线[hǎi àn xiàn] : 해안선
盐田[yán tián] : 염전
滩涂[tān tú] : 간석지
寻找[xún zhǎo] : 찾다
环保[huán bǎo] : 환경 보호
专项资金[zhuān xiàng zī jīn] : 전문 자금, 전용자금(专用资金)
自主[zì zhǔ] : 자주적인
尤其[yóu qí] : 특히
创新[chuàng xīn] : 혁신
实力[shí lì] : 실력
潜力[qián lì] : 잠재(능)력, 숨은 힘, 저력

习题[xí tí]

1. 李克强在会议上向全国知名的企业家主要介绍了什么内容？
2. 辽宁省为开发的海岸线及盐田，滩涂有多少？

정답

1. 辽宁省的优势产业和发展战略.
2. 海岸线有2200多公里，盐田，滩涂 有2000平方公里.

dì kè　zhōng guó gǎi gé de sān dà máng diǎn
第12课　中国改革的三大盲点

lǐ shǔ guāng (zhōng guó zhèng fǎ dà xué jiào shòu)
李曙光(中国政法大学教授)

wú lùn shì cóng hóng guān jīng jì yǔ shè huì xíng shì lái kàn hái shì cóng lǎo
无论是从宏观经济与社会形势来看，还是从老
bǎi xìng yǔ lǐng dǎo zhě xīn tài lái kàn duō nián qián qǐ dòng de gǎi gé gǎi
百姓与领导者心态来看，20多年前启动的改革，改
gé jìn chéng yǔ jīn tiān de gǎi gé bǐ jiào yǐ jīng fā shēng le shēn kè de biàn
革进程，与今天的改革比较，已经发生了深刻的变
huà dàn shì jīn tiān wǒ men de gǎi gé zhàn lüè gǎi gé lù jìng gǎi gé
化。但是，今天我们的改革战略，改革路径，改革
sī wéi bìng méi yǒu fā shēng duō dà de zhuǎn biàn yīn cǐ bì rán chǎn shēng dāng
思维并没有发生多大的转变。因此，必然产生当
qián zhè chǎng hái yào bu yào gǎi gé gǎi gé xiàng hé chù qù de dà zhēng
前这场“还要不要改革”，“改革向何处去”的大争
lùn fǎn sī gǎi gé wǒ rèn wéi xiàn shí zhōng de gǎi gé yǒu sān dà máng diǎn
论。反思改革，我认为现实中的改革有三大盲点。

yī shì gǎi gé běn shēn de máng diǎn jīn tiān gǎi gé yì cí de hán
一是“改革”本身的盲点，今天“改革”一词的涵
yì yīng gāi fā shēng biàn huà guò qù zhè me duō nián de gǎi gé yì zhí shì dān
义应该发生变化。过去这么多年的改革一直是单
xiàng xíng de zhǔ yào shì yǐ jīng jì gǎi gé jīng jì fā zhǎn wéi hé xīn de
向型的，主要是以经济改革、经济发展为核心的

改革。政府给经济改革最大的自由度，政府的经济政策可以自由公开地讨论。但是对其他方面的改革基本采取限制或者禁止的方式。我个人认为，经济改革实际上已经基本结束。这么多的经济学家，现在都在写法学方面的文章，讨论法律方面的问题，说明改革已经超越了经济领域，进入到了其他的领域。因此，“改革”需要重新定义，不应再局限在经济领域。

但是，现在的改革思维并未改变，我们社会的治理方式还是沿用以往的行政治国的方式。比如“十一五”规划制定的方式，依然采取中共中央提出的建议，国务院提出规划纲要然后提交“两会”讨论，由全国人大通过。这样一种程序的严谨要求，目前只有《宪法》的制定能够相比。但是，“十一五”规划严格说来就是政策性宣言，没有对政府的具体指标要求，也不是可操作性的规划。更重要的

shì shí yī wǔ guī huà de qǐ cǎo zhì dìng shí shī wán chéng méi yǒu
是，“十一五”规划的起草，制订，实施，完成，没有
xiāng yīng de fǎ lǜ de wèn zé zhì hé kě sù xìng de fǎ lǜ jī zhì zài qí
相应的法律的问责制和可诉性的法律机制在其
zhōng
中。

fèi zhè me dà de jìn fā dòng zhè me duō rén tǎo lùn duì dì fāng zhèng fǔ
费这么大的劲，发动这么多人讨论，对地方政府
yǐng xiǎng zhè me dà gǎo chū lái de guī huá zuì hòu zài shí jiàn dāng zhōng kě yǐ
影响这么大，搞出来的规划最后在实践当中可以
shuō méi yǒu shén me xiào guǒ suǒ yǐ rú hé gǎi biàn wǒ men de gǎi gé sī
说没有什么效果。所以，如何改变我们的改革思
wéi yǔ zhàn lüè bǎ gǎi gé yán shēn dào zhèng fǔ zhì lǐ yǔ qí tā lǐng yù kě
维与战略，把改革延伸到政府治理与其他领域，可
néng bǐ gǎi gé běn shēn gèng zhòng yào xiàn zài zhōng guó gǎi gé yǐ jīng zǒu dào
能比改革本身更重要。现在，中国改革已经走到
le xīn jiē duàn xīn gǎi gé de dìng yì yīng gāi shì qiáng diào fǎ zhì huà qǔ
了新阶段，新改革的定义，应该是强调法治化取
xiàng hé fēi jīng jì de gǎi gé
向和非经济的改革。

dì èr gè shì gǎi gé dòng lì jī zhì de máng diǎn jiù shì qún zhòng quán lì pín
第二个是改革动力机制的盲点，就是群众权利贫
kùn wèn tí yīn wéi quán lì pín kùn dài lái duì gǎi gé dòng lì jī zhì de bù
困问题。因为权利贫困带来对改革动力机制的不
zú guò qù de gǎi gé hěn duō rén rèn wéi shì zì shàng ér xià tuī dòng de
足。过去的改革，很多人认为是自上而下推动的，
dàn shí jì shang zhōng guó nián de gǎi gé yì zhí shì zì xià ér shàng de
但实际上，中国28年的改革一直是自下而上的、
yǐ jiě jué jīng jì lì yì wéi zhǔ de gǎi gé gǎi gé de dòng lì lái zì yú
以解决经济利益为主的改革，改革的动力来自于
dǐ céng cóng nóng cūn gǎi gé dào chéng shì gǎi gé cóng nóng mín gōng dào xià gǎng
底层。从农村改革到城市改革，从农民工到下岗

职工的利益诉求，都是从社会底层开始的。但是今天来自社会底层的改革动力机制失去了传导性，这是因为普通民众、群众的权利贫困问题已经成为现在最突出的问题。一些学者认为现在中国已进入一个利益诉求与利益博弈的时代，但老百姓的利益诉求并不是表面的经济利益的诉求，而是权利的诉求。权利的贫困已成为最大的贫困。改革不关注解决权利贫困问题，下一步改革就改不下去。

第三是改革领导者的盲点，就是在什么样的改革平台上进一步推进改革、谁来主导改革？目前改革的平台主要在各政府部门和地方政府，由于政府转型不到位，政府各部门权责关系不“对价”，中央政府和地方政府的权力分配关系不清晰，政府和市场的权力边界不明晰，政府还未转型到公共服务型政府，改革容易演变为政府部门的权力

kǎ wèi yǔ dì fāng lì yì de zhēng duó jí biàn jiàn lì yí ge méi yǒu bù
“卡位”与地方利益的争夺。即便建立一个没有部
mén lì yì chōng tū de zōng hé xìng de gǎi gé shè jì lǐng dǎo bù mén yě
门利益冲突的，综合性的改革设计领导部门，也
bú jiàn dé néng jiě jué mù qián gǎi gé zhōng de zhèng fǔ bù mén kǎ wèi wèn
不见得能解决目前改革中的政府部门“卡位”问
tí rú guǒ néng bǎ zhè yàng yì zhǒng zhèng fǔ bù mén yǔ dì fāng zhèng fǔ de quán
题。如果能把这样一种政府部门与地方政府的权
lì zhēng duó yǐn xiàng yí ge gōng kāi tòu míng gè lì yì zhǔ tǐ guǎng fàn
力争夺，引向一个公开、透明、各利益主体广泛
cān yǔ de xīn de lì yì biǎo dá hé lì yì bó yì de píng tái gǎi gé de
参与的新的利益表达和利益博弈的平台，改革的
fā dòng yǔ shēn huà cái yǒu kě néng xiǎn rán yí ge bǐ jiào hǎo de píng tái
发动与深化才有可能。显然，一个比较好的平台
shì zhì dù de píng tái hé lì fǎ jī gòu gǎi gé de xià yí bù jiāo diǎn shì
是制度的平台和立法机构，改革的下一步焦点是
zài lì fǎ hé lì fǎ jī gòu shang yīng gāi qīng xǐng dì rèn shí dào zhōng guó
在立法和立法机构上。应该清醒地认识到，中国
gǎi gé de zhǔ dǎo zhě bú shì jīng jì xué jiā zhèng zhì xué jiā shè huì xué
改革的主导者不是经济学家，政治学家，社会学
jiā yě bú shì fǎ xué jiā xué zhě zài gǎi gé zhōng de jué sè zhǐ shì lǐ
家，也不是法学家。学者在改革中的角色只是理
xìng sī kǎo gǎi gé chuán bō gǎi gé guān niàn píng pàn gōng gòng zhèng cè tí gòng jué
性思考改革，传播改革观念，评判公共政策，提供决
cè zī xún zài zhèng fǔ gǎi gé zhuǎn xíng wán chéng yǐ hòu zhèng fǔ jiāng bú zài
策咨询。在政府改革转型完成以后，政府将不再
dān dāng gǎi gé zhǔ dǎo zhě de jué sè yīn cǐ yí ge yǒu gāo dù zhí yè
担当改革主导者的角色，因此，一个有高度职业
lún lǐ de yǐ lǜ shī fǎ guān kuài jì shī děng wéi zhōng jiān de zhuān yè gōng
伦理的，以律师，法官，会计师等为中坚的专业工
zuò zhě jiē céng duì yú gǎi gé jiāng shì fēi cháng zhòng yào de mǒu zhǒng chéng dù shang
作者阶层对于改革将是非常重要的。某种程度上，

tā men jiāng jué dìng gǎi gé zhèng cè de shí shī yǔ shí shī de zhì liàng zhōng guó
他们将决定改革政策的实施与实施的质量。中国
shè huì yǒu le zhè me yí ge páng dà de zhuān yè gōng zuò zhě jiē céng gǎi gé
社会有了这么一个庞大的专业工作者阶层，改革
huì zài bǐ jiào jiān shí de jī chǔ shang jìn xíng zhōng guó de gǎi gé cái huì zhēn
会在比较坚实的基础上进行，中国的改革才会真
zhèng zǒu xiàng fǎ zhì de shì chǎng jīng jì
正走向法治的市场经济。

<人民网> 2006. 04. 14.

단어정리

盲点[máng diǎn] : 맹점, 문제점, 한계
中国政法大学[zhōng guó zhèng fǎ dà xué] : 중국정법대학
教授[jiào shòu] : 교수
老百姓[lǎo bǎi xìng] : 평민, 백성, 국민, 대중, 일반인
领导者[lǐng dǎo zhě] : 지도자, 리더
心态[xīn tài] : 태도, 생각
启动[qǐ dòng] : (기계, 설비 따위를)시동하다, 놀라게 하다
必然[bì rán] : 필연적인, 반드시~이다
思维[sī wéi] : 사유, 사유하다, 숙고하다
反思[fǎn sī] : 반성, 돌이켜 사색하다
路径[lù jìng] : 길, 도로, 방법, 경로
涵义[hán yì] : 함의, 내포된 뜻
单向型[dān xiàng xíng] : 일방형, 한 방면의
自由公开[zì yóu gōng kāi] : 자유공개
限制[xiàn zhì] : 제한하다, 한정하다, 속박하다, 구속하다, 제약하다, 규제하다
禁止[jìn zhǐ] : 금지(하다)
局限[jú xiàn] : 국한하다, 한정하다
沿用[yán yòng] : (옛날의 방법, 제도, 법령 따위를) 계속하여 사용하다. 옛 것을 답습하다
建议[jiàn yì] : 건의(하다),제의(하다), 제안(하다)
重新定义[chóng xīn dìng yì] : 다시 정의하다, 재정의
治理方式[zhì lǐ fāng shì] : 처리/관리 방식

规划纲要[guī huá gāng yào]：계획 요강
严谨[yán jǐn]：엄밀하다, 신중하다, 완전하다, 빈틈없이
操作性[cāo zuò xìng]：조작성
指标[zhǐ biāo]：지표
起草[qǐ cǎo]：기초하다, 초안을 잡다
可诉性[kě sù xìng]：이의제기 가능성, 소송 가능성
费劲[fèi jìn]：힘을 쓰다, 노력하다
延伸[yán shēn]：뻗다, 뻗어 나가다, 확대하다
法制化[fǎ zhì huà]：법제화
取向[qǔ xiàng]：취향
权利贫困[quán lì pín kùn]：권리 부족
自上而下[zì shàng ér xià]：위에서 아래로
动力机制[dòng lì jī zhì]：동력 메카니즘
下岗职工[xià gǎng zhí gōng]：샤강직원
诉求[sù qiú]：요구/주장하다
传导性[chuán dǎo xìng]：전도성
博弈[bó yì]：개입, 경쟁
主导[zhǔ dǎo]：주도(하다)
关注[guān zhù]：관심을 갖다, 관심
对价[duì jià]：상응하다, 상쇄하다, 상당하다
不到位[bù dào wèi]：제자리를 못 잡다
清晰[qīng xī]：뚜렷하다, 분명하다
边界[biān jiè]：지역 간의 경계, 국경(선)
权力分配[quán lì fēn pèi]：권력 배분
卡位[kǎ wèi]：올가미, 움켜쥐기
卡住[kǎ zhù]：(지출 따위를) 억제하다, 동결하다
争夺[zhēng duó]：쟁탈하다, 다투다, 싸워 빼앗다
引向[yǐn xiàng]…：…으로 이끌다
广泛[guǎng fàn]：광범(위)하다, 폭넓다
平台[píng tái]：영역, 공간
焦点[jiāo diǎn]：초점
立法[lì fǎ]：입법
角色[jué sè]：배역, 인물, 역할
理性思考[lǐ xìng sī kǎo]：이성적 사고, 이성적으로 생각하다
评判[píng pàn]：판정하다, 심판(을 보다)
主导者[zhǔ dǎo zhě]：주도자
律师[lǜ shī]：변호사
法官[fǎ guān]：법관

第二篇 经济文章阅读

会计师[kuài jì shī]：(공인) 회계사
职业伦理[zhí yè lún lǐ]：직업윤리
传播[chuán bō]：널리 퍼뜨리다, 전파하다, 전파, 보급, 유포
庞大[páng dà]：방대하다, 거대하다
中坚[zhōng jiān]：중견

习题[xí tí]

1. 简单说说中国改革的三大盲点？
2. 为什么会产生当前的这场改革？

정답

1. 一. 改革本身的盲点.
   二. 改革动力机制的盲点.
   三. 改革领导者的盲点.
2. 20多年前启动的改革和改革进程，于今天的改革进程比较，已经发生了深刻的变化. 但是今天我们的改革战略，改革路径，改革思维并没有发生多大的转变，因此必然产生当前的这场改革

第13课 农民工盼劳动合同法明确规定“同工同酬”

新华社北京4月11日电(记者邹声文)

劳动合同法草案3月20日向社会全文公布征求意见后，截至11日下午，全国人大常委会法制工作委员会已收到有关意见8万多件。许多农民工结合自己的打工经历，就修改和完善劳动合同法草案提出意见和建议。这个特殊群体的意见和建议，引起了高度关注。

农民工寄信盼新法当劳动者保护伞，山东临淄农民工王立涛的来信真实反映了许多农民工在劳动合同方面面临的困境：“绝大多数的企业都不会主动与工人签订劳动合同。低工资，超强度，

chāo shí láo dòng xiàn xiàng fēi cháng pǔ biàn gè zhǒng gōng shāng yǎng lǎo shī yè
超时劳动现象非常普遍。各种工伤，养老，失业
bǎo xiǎn xiǎng yě bù gǎn xiǎng zài dé zhī láo dòng hé tóng fǎ cǎo àn xiàng quán
保险想也不敢想”。在得知劳动合同法草案向全
shè huì zhēng qiú yì jiàn de xiāo xī hòu wáng lì tāo shí fēn gāo xìng tā zài
社会征求意见的消息后，王立涛十分高兴。他在
yì fēng tí wéi yí ge nóng mín gōng de xī wàng de xìn zhōng shuō tīng
一封题为《一个农民工的希望》的信中说：“听
shuō yào zhì dìng láo dòng hé tóng fǎ zuò wéi yí ge nóng mín gōng gǎn dào fēi cháng
说要制定劳动合同法，作为一个农民工感到非常
gāo xìng xī wàng láo dòng hé tóng fǎ de chū tái néng gěi guǎng dà láo dòng zhě
高兴。希望劳动合同法的出台，能给广大劳动者
dài lái fú yīn chéng wéi láo dòng zhě de tiān shǐ hé bǎo hù sǎn
带来福音，成为劳动者的天使和保护伞”。

wáng lì tāo hái jiù fǎ lǜ cǎo àn tí chū le liù diǎn xī wàng yī wàng
王立涛还就法律草案提出了六点希望：一、望
fǎ lǜ dé dào jiān jué zhí xíng zuò dào wú féng fù gài èr wàng jiě jué
法律得到坚决执行，做到无缝覆盖；二、望解决
pǔ biàn cún zài de chāo shí chāo qiáng dù láo dòng xiàn xiàng sān gè lèi
普遍存在的超时、超强度劳动现象；三、各类
bǎo xiǎn wèn tí ràng qǐ yè dǒng dé wèi gōng rén mǎi bǎo xiǎn shì bì xū de jiù
保险问题，让企业懂得为工人买保险是必须的，就
xiàng jiāo shuì yí yàng sì jiě jué láo dòng hé tóng wèn tí ràng qǐ yè dǒng
像交税一样；四、解决劳动合同问题，让企业懂
dé qiān láo dòng hé tóng shì bì xū de jiù xiàng bàn zhí zhào yí yàng wǔ wàng
得签劳动合同是必须的，就像办执照一样；五、望
jiě jué gōng zī tuō qiàn wèn tí ràng guǎng dà gōng rén dōu néng àn shí zú é ná
解决工资拖欠问题，让广大工人都能按时足额拿
dào gōng zī liù wàng zhèng shì gōng rén yǔ nóng mín gōng hé èr wéi yī suǒ
到工资；六，望正式工人与农民工合二为一，所
yǒu láo dòng zhě zài fǎ lǜ miàn qián dōu yí yàng píng děng dé dào bǎo hù
有劳动者在法律面前都一样平等得到保护。

zài yì jiā guó yǒu qǐ yè gōng zuò de duō míng nóng mín gōng yǐ jí tǐ
在一家国有企业工作的300多名农民工，以集体
xíng shì tí chū jiàn yì xī wàng láo dòng hé tóng fǎ míng què guī dìng tóng gōng
形式提出建议：希望劳动合同法明确规定“同工
tóng chóu
同酬”。

tā men zài lái xìn zhōng shuō yǔ tóng gōng zhǒng tóng gǎng wèi de gù dìng gōng
他们在来信中说，“与同工种、同岗位的固定工
xiāng bǐ wǒ men de gōng zuò liàng shì tā mén de bèi yǐ shàng méi yǒu jié jià
相比，我们的工作量是他们的2倍以上，没有节假
rì xīng qī tiān méi yǒu bìng jià hūn sàng jià bù xiǎng shòu nián xīn jià
日、星期天，没有病假、婚丧假，不享受年薪假，
bù xiǎng shòu rèn hé fú lì dài yù wǒ men de gōng zī shōu rù zhǐ shì tā men
不享受任何福利待遇。我们的工资收入只是他们
de dào tā men zài lái xìn zhōng biǎo shì xī wàng quán guó rén
的1/3到1/5。他们在来信中表示：“希望全国人
dà cháng wěi huì néng gòu kǎo lǜ wǒ men de shí jì kùn nan bǎ wǒ men de yì
大常委会能够考虑我们的实际困难，把我们的意
jiàn xiě rù fǎ lǜ zhōng qù
见写入法律中去”。

lì fǎ zhě jiāng jī jí xī nà gè jiè qún zhòng yì jiàn gōng bù fǎ lǜ
立法者：“将积极吸纳各界群众意见，公布法律
cǎo àn xiàng quán mín zhēng qiú yì jiàn shì mín zhǔ lì fǎ de zhòng yào xíng shì yě
草案向全民征求意见，是民主立法的重要形式，也
shì rén mín qún zhòng jìn xíng yǒu xù de zhèng zhì cān yǔ de zhòng yào xíng shì
是人民群众进行有序地政治参与的重要形式”。
quán guó rén dà cháng wěi huì bàn gōng tīng xīn wén fā yán rén kàn kē biǎo shì zài
全国人大常委会办公厅新闻发言人阚珂表示，“在
zhì dìng láo dòng hé tóng fǎ de guò chéng zhōng quán guó rén dà cháng wěi huì yǒu guān
制定劳动合同法的过程中，全国人大常委会有关
bù huì gāo dù zhòng shì bìng jī jí xī nà gè jiè qún zhòng de yì jiàn dāng zhōng
部会高度重视并积极吸纳各界群众的意见，当中

第二篇 经济文章阅读

zì rán bāo kuò nóng mín gōng tí chū de gè zhǒng yì jiàn hé jiàn yì jù tǐ fù
自然包括农民工提出的各种意见和建议”。具体负

zé láo dòng hé tóng fǎ cǎo àn yì jiàn zhēng qiú gōng zuò de quán guó rén dà cháng
责劳动合同法草案意见征求工作的全国人大常

wěi huì fǎ zhì gōng zuò wěi yuán huì xíng zhèng fǎ shì zhǔ rèn lǐ yuán huí shuō
委会法制工作委员会行政法室主任李援回说，

zhì dìng láo dòng hé tóng fǎ shí tiáo wén de shè jì yào kǎo lǜ dao nóng mín gōng
“制定劳动合同法时，条文的设计要考虑到农民工

de yīn sù yào zhù yì dào tā men de tè shū qíng kuàng yào néng gòu bǎo hù
的因素，要注意到他们的特殊情况，要能够保护

tā men de lì yì
他们的利益”。 <新华社> 2006. 4. 11.

단어정리

盼[pàn] : 바라다, 고대하다
劳动合同法[láo dòng hé tóng fǎ] : 노동계약법
法制工作委员会[fǎ zhì gōng zuò wěi yuán huì] : 법제업무 위원회
同工同酬[tóng gōng tóng chóu] : 동일 노동 동일 임금
截至[jié zhì]~ : ~까지
明确规定[míng què guī dìng] : 명확하게 규정하다
面临[miàn lín] : (문제 상황에) 직면하다, 당면하다
困境[kùn jìng] : 곤경, 궁지
打工[dǎ gōng] : 아르바이트, 일하다
出台[chū tái] : (정책이나 조치 등을) 공포하거나 실시하다 , 내놓다, 출현
草案[cǎo àn] : 초안
征求[zhēng qiú] : 널리 구하다, 모집하다
收到[shōu dào] : 받다, 수령하다, 얻다
结合[jié hé] : 결합(하다), 결부(하다)
经历[jīng lì] : 겪다, 경험하다
引起[yǐn qǐ] : 야기하다, 일으키다
失业[shī yè] : 실업

普遍[pǔ biàn] : 보편적인, 널리 퍼져 있다
特殊群体[tè shū qún tǐ] : 특수 집단
低工资[dī gōng zī] : 저 임금
超强度[chāo qiáng dù] : 초강력, 고강도
超时劳动[chāo shí láo dòng] : 초과 근무, 시간 외 근무, 잔업, 연장 근무
工伤[gōng shāng] : 공상
想也不敢想[xiǎng yě bù gǎn xiǎng] : 감히 생각도 못하다
得知[dé zhī] : 알게 되다, 알다
作为[zuò wéi] : …으로 하다, …으로 삼다/여기다
农民工[nóng mín gōng] : 농민공(농사일을 그만두고 도시로 이주하여 임시로 일하는 사람)
感到[gǎn dào] : 느끼다, 생각하다, 여기다
保护伞[bǎo hù sǎn] : 후원자, 보호세력
天使[tiān shǐ] : 천사
无缝覆盖[wú fèng fù gài] : 전체를 커버하다
望[wàng] : 바라다, 소망하다
交税[jiāo shuì] : 세금을 내다, 납세하다
执照[zhí zhào] : 허가증, 면허증, 증서
节假日[jié jià rì] : 공휴일
年薪[nián xīn] : 연봉, 月薪 : 월급
工资[gōng zī] : 임금, 노임
拖欠[tuō qiàn] : 체불
福利待遇[fú lì dài yù] : 복지서비스
吸纳[xī nà] : 흡입, 흡수
按时[àn shí] : 제때, 때에 맞춰
各界[gè jiè] : 각계, 각 방면
民主立法[mín zhǔ lì fǎ] : 민주적 입법
有序的[yǒu xù de] : 순서가 있는, 차례가 있는, 질서 있는
条文[tiáo wén] : 조문
特殊情况[tè shū qíng kuàng] : 특수 상황
能够[néng gòu]~ : 충분히 ~할 수 있다

习题[xí tí]

1. 王立涛就法律草案提出了几点希望？
2. 全国人大常委会法治行政委员会行政法室主任李援是怎样恢复农民工意见的？

정답

1. 六点.
2. 制定劳动合同法时，条文的设计要考虑到农民工的因素，要注意到他们的特护情况，要能够保护他们利益.

第14课 国务常务会议

国务院总理温家宝14日主持召开国务院常务会议，分析一季度经济形势，部署当前经济工作。

会议认为，一季度国民经济继续保持平稳较快增长，总体形势良好。粮食种植面积稳定，农业生产资料供应充足；工业生产增长加快企业效益有所提高；财政运行平稳；国内需求比较旺盛，市场销售稳定增长；改革开放继续深化；对外贸易持续发展，出口结构有所改善；城乡居民收入继续增加，市场价格平稳；社会保持稳定。

会议指出，必须清醒地看到，当前经济运行中的一些问题还比较突出，要引起高度重视。主要是

gù dìng zī chǎn tóu zī zēng zhǎng guò kuài huò bì gòng yīng liàng piān gāo xìn dài
固定资产投资增长过快，货币供应量偏高，信贷
tóu fàng piān kuài duì wài mào yì jié gòu xìng máo dùn yī rán tū chū
投放偏快，对外贸易结构性矛盾依然突出。

huì yì qiáng diào yào jiān chí yǐ kē xué fā zhǎn guān tǒng lǐng jīng jì shè huì
会议强调，要坚持以科学发展观统领经济社会
fā zhǎn quán jú jì xù shí shī wěn jiàn de cái zhèng zhèng cè hé huò bì zhèng cè
发展全局，继续实施稳健的财政政策和货币政策，
bǎo chí hóng guān jīng jì zhèng cè de lián xù xìng hé wěn dìng xìng zhù zhòng qū bié
保持宏观经济政策的连续性和稳定性，注重区别
duì dài fēn lèi zhǐ dǎo yǒu zhēn duì xìng de jiě jué dāng qián de tū chū wèn
对待，分类指导，有针对性地解决当前的突出问
tí zhòng diǎn yào zuò hǎo yǐ xià gōng zuò yī shì qiè shí zhuā hǎo nóng yè shēng
题。重点要做好以下工作：一是切实抓好农业生
chǎn hé nóng mín zēng shōu zhuā jǐn luò shí gè xiàng zhī nóng huì nóng zhèng cè jìn
产和农民增收。抓紧落实各项支农惠农政策，尽
kuài jiāng liáng shí zhí bǔ liáng zhǒng nóng jī jù bǔ tiē yǐ jí nóng zī zōng hé
快将粮食直补、良种、农机具补贴以及农资综合
zhí bǔ fā fàng dào nóng mín shǒu zhōng wěn dìng nóng yè shēng chǎn zī liào jià gé
直补发放到农民手中。稳定农业生产资料价格。
gǎo hǎo chūn gēng shēng chǎn jiā qiáng xià liáng tián jiān guǎn lǐ
搞好春耕生产，加强夏粮田间管理。

èr shì jiā qiáng gù dìng zī chǎn tóu zī tiáo kòng yán gé zhí xíng tǔ dì guī
二是加强固定资产投资调控。严格执行土地规
huá hé jì huà kòng zhì chéng shì fáng wū chāi qiān guī mó zhù zhòng yùn yòng tǔ
划和计划，控制城市房屋拆迁规模，注重运用土
dì gōng jǐ yǐn dǎo hé yōu huà tóu zī jié gòu xīn shàng xiàng mù bì xū fú hé
地供给引导和优化投资结构，新上项目必须符合
guó jiā chǎn yè zhèng cè hé shì chǎng zhǔn rù biāo zhǔn fáng zhǐ bù fen háng yè
国家产业政策和市场准入标准，防止部分行业、
dì qū tóu zī guò kuài zēng zhǎng jì xù jiā dà duì nóng yè nóng cūn děng zhòng diǎn
地区投资过快增长。继续加大对农业农村等重点

lǐng yù hé bó ruò huán jié de tóu zī lì dù rèn zhēn luò shí guó jiā tiáo kòng
领域和薄弱环节的投资力度。认真落实国家调控
fáng dì chǎn shì chǎng de gè xiàng cuò shī wěn dìng zhù fáng jià gé tiáo zhěng zhù
房地产市场的各项措施，稳定住房价格，调整住
fáng gòng gěi jié gòu cù jìn fáng dì chǎn yè jiàn kāng wěn dìng fā zhǎn
房供给结构，促进房地产业健康稳定发展。

sān shì kòng zhì huò bì xìn dài tóu fàng cǎi qǔ zōng hé cuò shī jiě jué
三是控制货币信贷投放。采取综合措施，解决
yín háng huò bì xìn dài guò kuài zēng zhǎng wèn tí zhuó lì yōu huà dài kuǎn jié gòu
银行货币信贷过快增长问题。着力优化贷款结构，
hé lǐ kòng zhì zhōng cháng qī dài kuǎn jiā dà duì nóng yè nóng cūn jīng jì hé zhōng
合理控制中长期贷款，加大对农业农村经济和中
xiǎo qǐ yè de xìn dài zhī chí lì dù jì xù cù jìn zī běn shì chǎng wěn dìng
小企业的信贷支持力度。继续促进资本市场稳定
jiàn kāng fā zhǎn duì duǎn qī rù jìng liú dòng zī běn de jiān guǎn bǎo chí jīn
健康发展。对短期入境流动资本的监管，保持金
róng wěn dìng yùn xíng
融稳定运行。

sì shì jiā qiáng jīng jì yùn xíng tiáo jié duì bù fen chǎn néng guò shèng háng yè
四是加强经济运行调节。对部分产能过剩行业
jìn xíng tiáo zhěng hé gǎi zào kòng zhì xīn zēng chǎn néng yōu huà jié gòu gǎo hǎo
进行调整和改造，控制新增产能，优化结构。搞好
néng yuán yuán cái liào de jié yuē hé gòng qiú xié tiáo jìn kuài jiàn lì duì gè
能源、原材料的节约和供求协调。尽快建立对各
dì qū jiàng dī néng hào jiǎn shǎo pái wū hé bǎo hù gēng dì děng fāng miàn de tǒng
地区降低能耗，减少排污和保护耕地等方面的统
jì kǎo hé hé gōng bù zhì dù
计，考核和公布制度。

wǔ shì tuī jìn duì wài mào yì fāng shì zhuǎn biàn jì xù yán gé kòng zhì gāo
五是推进对外贸易方式转变。继续严格控制高
néng hào gāo wū rǎn hé zī yuán xìng chǎn pǐn chū kǒu gǔ lì xiān jìn guān jiàn
能耗，高污染和资源性产品出口，鼓励先进关键

第二篇 经济文章阅读

shè bèi hé zī yuán lèi shāng pǐn de jìn kǒu
设备和资源类商品的进口。

liù shì jiā kuài tuī jìn gè xiàng gǎi gé zhuā zhù dāng qián yǒu lì shí jī jiā
六是加快推进各项改革。抓住当前有利时机，加
dà gǎi gé lì dù zhuā jǐn luò shí nóng cūn zōng hé gǎi gé guó yǒu qǐ yè
大改革力度，抓紧落实农村综合改革、国有企业
gǎi gé jīn róng jià gé cái shuì hé tóu zī tǐ zhì gǎi gé de gè xiàng rèn
改革，金融，价格，财税和投资体制改革的各项任
wù tè bié yào jiā kuài tuī jìn zhèng fǔ zì shēn gǎi gé hé jiàn shè
务，特别要加快推进政府自身改革和建设。

qī shì qiè shí zuò hǎo guān xì qún zhòng lì yì de gōng zuò qiān fāng bǎi jì
七是切实做好关系群众利益的工作。千方百计
kuò dà jiù yè ān pái hǎo zāi qū hé kùn nan qún zhòng de shēng huó yán gé
扩大就业。安排好灾区和困难群众的生活。严格
zhí xíng ān quán shēng chǎn zé rèn zhì è zhì zhòng tè dà shì gù de fā shēng
执行安全生产责任制，遏制重特大事故的发生。

huì yì yào qiú gè dì qū gè bù mén yào jiā qiáng diào chá yán jiū quán
会议要求，各地区，各部门要加强调查研究，全
miàn liǎo jiě jīng jì yùn xíng zhuàng kuàng zhuā jǐn yán jiū jiě jué yǐng xiǎng jīng jì píng
面了解经济运行状况，抓紧研究解决影响经济平
wěn jiào kuài fā zhǎn de zhòng dà wèn tí míng què zé rèn hěn zhuā luò shí cù
稳较快发展的重大问题，明确责任，狠抓落实，促
jìn jīng jì yòu kuài yòu hǎo de fā zhǎn
进经济又快又好地发展。 <新华网> 北京4月14日电

단어정리

总理[zǒng lǐ] : 총리
主持[zhǔ chí] : 주관하다, 책임지고 집행하다
召开[zhào kāi] : (회의 따위를) 열다(소집하다)
常务会议[cháng wù huì yì] : 상임 회의
国民经济[guó mín jīng jì] : 국민경제
分析[fēn xī] : 분석(하다)
一季度[yī jì dù] : 1/4분기
形势[xíng shì] : 정세, 상황
种植面积[zhǒng zhí miàn jī] : 파종 면적
供应[gòng yīng] : 제공하다, 공급하다
运行[yùn xíng] : 운행하다
平稳[píng wěn] : 평온하다, 안정되어 있다, 편안하다, 부드럽다
进出口[jìn chū kǒu] : 수출입
需求[xū qiú] : 수요 , 필요, 요구되다, 필요하다
旺盛[wàng shèng] : 성하다, 왕성하다, 강하다, 무성하다
销售[xiāo shòu] : 팔다, 판매하다
改革开放[gǎi gé kāi fàng] : 개혁 개방
深化[shēn huà] : 심화(하다), 더욱 깊은 단계로 진행하다
引起[yǐn qǐ] : 불러일으키다, 끌어내다
重视[zhòng shì] : 중시(하다)
对外贸易[duì wài mào yì] : 대외 교역/무역
清醒[qīng xǐng] : 맑고 깨끗하다, 뚜렷하다, 분명하다, 의식을 회복하다, 정신을 차리다, 깨어나다
货币[huò bì] : 화폐
矛盾[máo dùn] : 모순, (대립되는 사물의) 상호 배척
突出[tū chū] : 돌파하다, 뚫다, 돌출하다, 돋보이게 하다, 두드러지다
高度[gāo dù] : 높이, 매우
信贷[xìn dài] : 신용 대출
稳健[wěn jiàn] : 믿음직하다, 침착하고 힘 있다, 온건하다, 침착하다, 듬직하다
微观经济[wēi guān jīng jì] : 미시 경제
宏观经济[hóng guān jīng jì] : 거시 경제
统领[tǒng lǐng] : 이끌다, 지도하다
注重[zhù zhòng] : 중시하다
连续性[lián xù xìng] : 연속성
稳定性[wěn dìng xìng] : 안정성
区别对待[qū bié duì dài] : 구별 대우(하다)

分类指导[fēn lèi zhǐ dǎo] : 분류지도, 분담지도
切实[qiè shí] : 확실하다, 적절하다, 착실하다, 진실하다, 성실하다
支农[zhī nóng] : 농업을 지원하다
抓紧[zhuā jǐn] : 꽉잡다
惠农[huì nóng] : 농민에게 혜택(특혜)을 베풀다
直补[zhí bǔ] : 직불
农机具[nóng jī jù] : 농업(농사) 기계
严格执行[yán gé zhí xíng] : 엄격히 집행하다
春耕[chūn gēng] : 춘경, 봄갈이
田间管理[tián jiān guǎn lǐ] : 경지 관리
控制[kòng zhì] : 제압하다, 제어하다, 규제하다
拆迁[chāi qiān] : (집 따위를) 헐어서 딴 곳으로 옮기다, 철거
运用[yùn yòng] : 운용하다, 활용하다,
规模[guī mó] : 규모
供给[gōng jǐ] : 공급(하다)
引导[yǐn dǎo] : 안내하다, 인도하다
优化[yōu huà] : 최적화, 고도화
薄弱[bó ruò] : 박약하다, 약한
项目[xiàng mù] : 항목, 사항, 아이템
必须~[bì xū~] : 반드시 ~해야 한다
符合[fú hé] : 부합하다, 맞다
准入标准[zhǔn rù biāo zhǔn] : 진입 표준
防止[fáng zhǐ] : 방지하다
认真[rèn zhēn] : 진지(진실) 하다, 성실하다
落实[luò shí] : 실행 가능하다, 실제에 적용할 수 있다, 현실에 맞다
措施[cuò shī] : 조치(하다), 대책
采取[cǎi qǔ] : 채용하다, 채택하다, 취하다
合理[hé lǐ] : 도리에 맞다, 합리적이다
长期贷款[cháng qī dài kuǎn] : 장기 대출
着力[zhuó lì] : 힘쓰다, 애쓰다
流动资本[liú dòng zī běn] : 유동자본
监管[jiān guǎn] : 감시(감독) 관리하다
产能[chǎn néng] : 생산능력
过剩[guò shèng] : 과잉(되다)
节约[jié yuē] : 절약하다(비교적 큰 범위에 사용됨)
协调[xié tiáo] : 합조하다, 조정하다
低能耗[dī néng hào] : 낮은 에너지 소모, 에너지 저소모
排污[pái wū] : 오물이나 폐수를 배출하다

保护[bǎo hù] : 보호(하다)
耕地[gēng dì] : 경지, 토지를 갈다
统计[tǒng jì] : 통계(합산) (하다)
考核[kǎo hé] : 심사(하다)
公布[gōng bù] : 공포하다, 공표하다
转变[zhuǎn biàn] : 바뀌다, 바꾸다
污染[wū rǎn] : 오염, 오염시키다
先进技术[xiān jìn jì shù] : 선진적 기술, 첨단기술
鼓励[gǔ lì] : 격려하다. 장려하다
出口[chū kǒu] : 수출
进口[jìn kǒu] : 수입
关键[guān jiàn] : 관건, 열쇠, 키포인트, 매우 중요한
有利时机[yǒu lì shí jī] : 유리한 시기
设备[shè bèi] : 설비
金融[jīn róng] : 금융
财税[cái shuì] : 재정과 세무
体质[tǐ zhì] : 체질, 체력
灾区[zāi qū] : 재해지역, 재난지역
特大事故[tè dà shì gù] : 엄청난 사고 , 대형사고
困难群众[kùn nàn qún zhòng] : 빈곤 대중
千方百计[qiān fāng bǎi jì] : 온갖 방법(을 다하다)
责任制[zé rèn zhì] : 책임제
遏制[è zhì] : 억제하다, 저지하다
狠抓[hěn zhuā] : 힘껏(단단히) 쥐다, 전력투구하다
又快又好[yòu kuài yòu hǎo] : 빠르고 양호한

习题[xí tí]

1. 这次的国务院常务会议有谁主持召开 ?
2. 会议提出怎样的要求 ?

정답

1 . 国务院总理温家宝
2 . 各地区各部门要加强调查研究，深入全面了解经济运行状况，抓紧研究解决影响经济发展较快的重大问题，明确责任，狠抓落实，促进经济又快又好的发展.

dì kè quán guó bǎo fèi shōu rù yì duō yuán

第15课 全国保费收入1596亿多元

jù xīn huá shè běi jīng yuè rì diàn jì zhě máo xiǎo méi
据新华社北京4月14日电(记者毛晓梅)

jì zhě rì cóng yǒu guān bù mén huò xī jīn nián jì dù wǒ guó bǎo
记者14日从有关部门获悉，今年1季度，我国保
xiǎn yè gòng shí xiàn bǎo fèi shōu rù yì yuán tóng bǐ zēngzhǎng
险业共实现保费收入1596.5亿元，同比增长8.1%。

fēn lèi tǒng jì de shù jù xiǎn shì jīn nián yuè quán guó chǎn xiǎn yè
分类统计的数据显示，今年1-3月，全国产险业
shí xiàn bǎo fèi yì yuán tóng bǐ zēngzhǎng shòu xiǎn yè shí
实现保费369.5亿元， 同比增长7.7%；寿险业实
xiàn bǎo fèi yì yuán tóng bǐ zēngzhǎng kòu chú nián
现保费1098.8亿元，同比增长7.27%，扣除2005年
jì dù zhōng yì rén shòu yì yuán tuán xiǎn dà dān yīn sù shòu xiǎn yè tóng
1季度中意人寿200亿元团险大单因素，寿险业同
bǐ zēngzhǎng dì sān lǐng yù duǎn qī jiàn kāng xiǎn hé yì wài xiǎn
比增长30.6%；“第三领域”短期健康险和意外险
yè wù fēn bié shí xiàn bǎo fèi yì yuán yì yuán tóng bǐ fēn
业务分别实现保费89.6亿元、38.5亿元同， 比分
bié zēngzhǎng hé
别增长16.7%和17.9%。

jì dù rén shēn xiǎn yè qiáng jìn de fā zhǎn shì tóu yǐn qǐ le yè jiè guān
1 季度人身险业强劲的发展势头引起了业界关

zhù quán wēi rén shì xiàng jì zhě fēn xī zhè yì fāng miàn shì yóu yú qù nián tóng
注，权威人士向记者分析这一方面是由于去年同

qī rén shēn xiǎn yè chǔ yú fù zēng zhǎng tuí shì lìng yì fāng miàn jīn nián yǐ lái
期人身险业处于负增长颓势，另一方面，今年以来

gè zhǔ yào rén shēn xiǎn gōng sī dà lì tuī jìn yín háng bǎo xiǎn yè wù fā zhǎn qiě
各主要人身险公司大力推进银行保险业务发展，且

gèng wéi zhòng shì zì shēn yè wù jié gòu hé zhòng diǎn jī gòu de jūn héng fā zhǎn
更为重视自身业务结构和重点机构的均衡发展。

<经济日报> 2006. 04. 15

단어정리

获悉[huò xī] : 정보를 얻다, 사실을 알게 되다
保费收入[bǎo fèi shōu rù] : 보험 수입
有关部门[yǒu guān bù mén] : 유관부문
保险业[bǎo xiǎn yè] : 보험업
同比[tóng bǐ] : 동비, 전년 같은 시기에 비해서
环比[huán bǐ] : 전기(前期) 대비
定基[dìng jī] : 기준시점과 현시점 대비
产险业[chǎn xiǎn yè] : 재산보험업
人身险[rén shēn xiǎn] : 건강(상해)보험, 인신보험
寿险业[shòu xiǎn yè] : 생명보험업, 人寿保险
团险[tuán xiǎn] : 단체 보험
大单[dà dān] : 대단위, 큰 교역, 큰 케이스
中意人寿[zhòng yì rén shòu] : 중이생명보험(중국 석유천연가스 그룹과 이탈리아의 보험회사 합자회사)
第三领域[dì sān lǐng yù] : 제 3영역
短期健康险[duǎn qī jiàn kāng xiǎn] : 단기건강보험
意外险[yì wài xiǎn] : 사고(재해) 보험
分别[fēn bié] : 구별하다, 식별하다, 다름, 차이, 차별, 각각
关注[guān zhù] : 관심(을 가지다), 배려(하다)
业界[yè jiè] : 업계
权威人士[quán wēi rén shì] : 권위자, 권위 있는 사람

负增长[fù zēng zhǎng] : 마이너스 성장
颓势[tuí shì] : 쇠퇴추세, 쇠퇴경향
银行保险[yín háng bǎo xiǎn] : 방카슈랑스
自身[zì shēn] : 자신
业务[yè wù] : 업무, 일, 실무
均衡发展[jūn héng fā zhǎn] : 균형발전

习题[xí tí]

1. 权威人士是怎样向记者分析的？
2. 本报道的记者是？

정답

1. 一方面是去年同期人身险处于负增长颓势，另一方面，今年以来各人身险公司大力推进银行保险业务发展，且更为重视自身业务结构和重点结构的综合发展.
2. 毛晓梅

有用的词组, 连词和虚词 3

无异于[wú yì yú]~ : ~와 다르지 않다, ~와 마찬가지이다

tǎo lùn zhèng fǔ de zhí néng shí jì shàng wú yì yú tàn suǒ zài jīng jì fā zhǎn guò chéng zhōng zhèng fǔ suǒ yīng
讨论政府的职能, 实际上无异于探索在经济发展过程中, 政府所应
bàn yǎn de jué sè
扮演的角色。

~, **以(便)**[yǐ(biàn)]… : ~함으로써… 하다

gǔ lì chū kǒu chuàng huì yǐ biàn yǐn jìn xiān jìn de jì shù shè bèi
鼓励出口创汇, 以便引进先进的技术设备。

以[yǐ]~**为例**[wéi lì] : ~을 예로 삼다, ~을 예로 들다

yǐ zhè cì de shì qíng wéi lì xià cì yào xī qǔ jiào xùn zuò de gèng hǎo
以这次的事情为例, 下次要吸取教训做得更好。

一旦[yí dàn] ~**之后**[zhī hòu] : 일단 ~한 뒤

yí dàn cāi zhòng zhī hòu xīn lǐ yǒu yì zhǒng shuō bù chū de qíng qù
一旦猜中之后, 心里有一种说不出的情趣。

一方面[yì fāng miàn]~, **另一方面**[lìng yì fāng miàn]… : 한편으로 ~ 또 한편으로 …

zhè cì jué dìng qù zhōng guó yì fāng miàn yīn wèi zhōng guó lì shǐ jiǔ yuǎn lìng yì fāng miàn hái yīn wèi duì nǐ
这次决定去中国, 一方面因为中国历史久远, 另一方面还因为对你
men yǒu bāng zhù
们有帮助。

一致认为[yí zhì rèn wéi]~ : 모두 ~라고 여기다.

dà jiā yí zhì rèn wéi tā tài dù bù duān zhèng
大家一致认为他态度不端正。

以至[yǐ zhì]~ : ~에 (이르기)까지

xì bāo tǐ jī kě yǐ zēng zhǎng jǐ bèi jǐ shí bèi yǐ zhì jǐ bǎi bèi
细胞体积可以增长几倍、几十倍以至几百倍。

~**以来**[yǐ lái] : ~이래(과거의 어떤 시간에서부터 지금까지의 시기를 가리킴)

zì gǔ yǐ lái lǎo shī dōu shì shòu rén zūn jìng de
自古以来老师都是受人尊敬的。

一味[yí wèi] : 단순히, 그저

bú gù zì shēn de yōu shì yí wèi qiáng diào fā zhǎn zì shēn de jiā gōng yè
不顾自身的优势，一味强调发展自身的加工业。

意味着[yì wèi zhe]~ : ~을 의미하다

jīng jì fā zhǎn yì wèi zhe rén mín shēng huó shuǐ píng de tí gāo
经济发展意味着人民生活水平的提高。

因[yīn]~ **而**[ér]··· : ~때문에 ···하다

tā yīn kǎo shì zuò bì ér bèi kāi chú le
他因考试作弊而被开除了。

应[yīng] ~**邀请**[yāo qǐng] : ~의 초대에 응하여, ~의 초청에 따라서

wǒ men yìng gōng sī de yāo qǐng lái dào le zhè lǐ
我们应公司的邀请来到了这里。

由[yóu]~ **到**[dào]··· : ~부터(에서) ···까지

nián lái zhōng guó rén kǒu yóu yì zēng jiā dào yì
40年来中国人口由5亿增加到11亿。

于[yú]~ : ~에, ~에서(시간, 장소)

tā yú yuè dǐ dá měi guó
他于2月抵达美国。

有利于[yǒu lì yú]~ : ~에 유리하다, ~에 도움이 된다
(＝**对** ~**有利**[duì ~yǒu lì])

zhè zhǒng yào yǒu lì yú mí bǔ zhèng qì
这种药有利于弥补正气。

在[zài] ~**获悉**[huò xī] : ~에서 정보를 얻다, ~에서 알게 되다

zài xīn wén fā bù huì shang huò xī
在新闻发布会上获悉。

在一定的程度上[zài yī dìng de chéng dù shàng] : 어느 정도

zhāo shēng shù liàng de dà fú dù shàng zhǎng zài yí dìng chéng dù shang zhì yuē le yán jiū shēng de péi yǎng zhì liàng
招生数量的大幅度上涨在一定程度上制约了研究生的培养质量。

再说[zài shuō] : 다시 말해서, 곧

fǎn zhèng lái bù jí le zài shuō tiān hái xià zhe yǔ nǐ zuì hǎo bié qù le
反正来不及了，再说天还下着雨，你最好别去了。

只有[zhī yǒu]~, **才**[cái]··· : (오직 ~할 때에만 ···하다(유일한 조건)

péng yǒu zhī jiān zhī yǒu xiāng hù zūn zhòng cái néng zhēn zhèng lǐ jiě
朋友之间只有相互尊重，才能真正理解。

只要[zhī yào]~ **就**[jiù] ⋯ : ~하면 곧 ⋯하다

zhī yào zì jǐ nǔ lì jiù néng chéng gōng
只要自己努力，就能成功。

只不过[zhī bu guò]~(**巴了**[bā le]) : 단지에 ~에 지나지 않다

chángshēng bù lǎo zhī bu guò shì yì zhǒng wàng xiǎng
长生不老只不过是一种妄想。

致力于[zhì lì yú]~ : ~에 힘쓰다

yī shēng zhì lì yú jiào yù shì yè
一生致力于教育事业。

旨在[zhǐ zài] : ~에 목적을 두다, ~취지를 두다

huì yì tōng guò le zhǐ zài jìn yí bù fā zhǎn liǎng guó kē jì hé zuò de jué yì
会议通过了旨在进一步发展两国科技合作的决议。

~**之际**[zhī jì] : ~할 때, ~할 즈음

zài wǒ kùn nan zhī jì duō kuī tā zài shēn biān yī zhí zhī chí zhe wǒ
在我困难之际，多亏他在身边一直支持着我。

诸如[zhū rú]~ : ~와 같은 것들, ~ 같은 모든 것

tā zuò le bù shǎo hǎo shì zhū rú fǎng wèn zhí gōng jiā shǔ kàn bìng rén děng děng
他做了不少好事，诸如访问职工家属，看病人，等等。

足以[zú yǐ]~ : ~하기에 충분하다, ~하기에 족하다

zhè xiē zhèng jù zú yǐ shuō míng dāng shí de qíng kuàng le
这些证据足以说明当时的情况了。

作为[zuò wéi]~ : ~로서

zuò wéi yì míng shěn pàn yuán tā bàn shì bàn de gōng dào
作为一名审判员，他办事办得公道。

dì kè yōu huà fā zhǎn néngyuángōng yè rú hé pò tí
第16课 优化发展：能源工业如何破题

huǎn jiě néngyuángòng jǐ yuē shù hé tiáo zhěng bù hé lǐ jié gòu shì dāng qián
缓解能源供给约束和调整不合理结构是当前
néngyuán fā zhǎn zuì wéi jǐn pò de rèn wù yě shì wèi lái shí xiàn néngyuán kě
能源发展最为紧迫的任务，也是未来实现能源可
chí xù fā zhǎn de jī běn qián tí
持续发展的基本前提。

shí yī wǔ jí jīn hòu yí duàn shí qī wǒ guó néngyuángōng yè yīng jiān
“十一五”及今后一段时期我国能源工业应坚
chí de fā zhǎn fāng zhēn shì jié néng yōu xiān xiào lǜ wéi běn méi wéi jī
持的发展方针是：节能优先、效率为本，煤为基
chǔ duō yuán fā zhǎn lì zú guó nèi kāi tuò guó wài tǒng chóu chéng xiāng
础、多元发展，立足国内、开拓国外，统筹城乡、
hé lǐ bù jú yī kào kē jì chuàng xīn tǐ zhì bǎo hù huán jìng bǎo zhàng
合理布局，依靠科技、创新体制，保护环境、保障
ān quán wèi quán miàn jiàn shè xiǎo kāng shè huì tí gòng wěn dìng jīng jì hé qīng
安全，为全面建设小康社会提供稳定、经济和清
jié de néngyuán bǎo zhàng yǐ néngyuán de kě chí xù fā zhǎn hé yǒu xiào lì yòng
洁的能源保障，以能源的可持续发展和有效利用
zhī chí wǒ guó jīng jì shè huì de kě chí xù fā zhǎn
支持我国经济社会的可持续发展。

gǎi gé kāi fàng yǐ lái wǒ guó néngyuángōng yè qǔ dé le cháng zú jìn bù
改革开放以来，我国能源工业取得了长足进步。

dàn yīng gāi kàn dào shòu zī yuán tiáo jiàn huán jìng yīn sù děng zhì yuē wǒ guó
但应该看到，受资源条件、环境因素等制约，我国
néng yuán fā zhǎn miàn lín de yā lì kùn nan hé tiǎo zhàn xiāng dāng yán jùn
能源发展面临的压力、困难和挑战相当严峻。

qí yī néng yuán shēng chǎn gòng jǐ bǎo zhàng yā lì zēng qiáng nián wǒ
其一，能源生产供给保障压力增强。2005年我
guó néng yuán xiāo fèi zǒng liàng dá dào yì dūn biāo zhǔn méi dàn àn zhào
国能源消费总量达到22.2亿吨标准煤，但按照13
yì rén kǒu píng jūn rén jūn néng yuán xiāo fèi shuǐ píng réng dī yú shì jiè rén jūn
亿人口平均，人均能源消费水平仍低于世界人均
shuǐ píng bìng qiě wǒ guó zhèng chǔ zài xiàng gōng yè huà chéng zhèn huà hé xiàn dài
水平，并且我国正处在向工业化，城镇化和现代
huà fā zhǎn jìn chéng zhōng zhè yí shí qī tōng cháng bàn suí zhe néng yuán xū qiú de
化发展进程中，这一时期通常伴随着能源需求的
jiào kuài zēng zhǎng jù dà de néng yuán xiāo fèi jī shù jiā shàng jiào kuài de néng
较快增长，巨大的能源消费基数，加上较快的能
yuán xū qiú zēng cháng yì wèi zhe gèng dà de gòng jǐ bǎo zhàng yā lì
源需求增长，意味着更大的供给保障压力。

qí èr néng yuán zī yuán yuē shù wèn tí rì yì tū chū wǒ guó néng yuán
其二，能源资源约束问题日益突出。我国能源
zī yuán chǔ liàng jiào wéi fēng fù zǒng liàng pái míng wèi jū shì jiè qián liè dàn
资源储量较为丰富，总量排名位居世界前列，但
rén jūn yōng yǒu liàng jiào dī rén jūn néng yuán zī yuán zhǐ yǒu shì jiè píng jūn shuǐ
人均拥有量较低，人均能源资源只有世界平均水
píng de qí zhōng rén jūn shí yóu kě cǎi chǔ liàng xiāng dāng yú shì jiè píng
平的40%，其中人均石油可采储量相当于世界平
jūn shuǐ píng de tiān rán qì bú dào tóng shí wǒ guó néng yuán
均水平的11%，天然气不到5%。同时，我国能源
zī yuán fēn bù hěn bù jūn héng néng yuán zī yuán xiāng duì jí zhōng zài zhōng xī bù
资源分布很不均衡，能源资源相对集中在中西部
nèi lù dì qū ér xū qiú zhòng xīn piān xiàng dōng bù hé yán hǎi dì qū dà
内陆地区，而需求重心偏向东部和沿海地区，大

guī mó cháng jù lí de shū sòng méi tàn shí yóu tiān rán qì dài lái
规模、长距离地输送煤炭、石油、天然气，带来
le yùn shū chéng běn děng wèn tí
了运输、成本等问题。

qí sān néngyuán jié gòu yōu huà de yào qiú yù qū qiáng liè zài wǒ guó
其三，能源结构优化的要求愈趋强烈。在我国
néngyuán jié gòu zhōng qīng jié néngyuán bāo kuò kě zài shēngnéngyuán bǐ zhòng jiào dī
能源结构中，清洁能源包括可再生能源比重较低。
bǐ jiào ér yán wǒ guó hé diàn fā zhǎn jìn dù zhì huǎn shuǐnéng zī yuán lì
比较而言，我国核电发展进度滞缓，水能资源利
yòng lǜ jǐn yǒu zuǒ yòu tiān rán qì shòugòng jǐ bù zú de yuē shù
用率仅有1/4左右，天然气受供给不足的约束。
zhè zhǒngzhuàngkuàngduǎn qī nèi bú huì gǎi biàn jìn nián lái yóu yú néngyuán xū qiú
这种状况短期内不会改变。近年来由于能源需求
zēngzhǎng jiào kuài néngyuán jié gòu de biàn huà chū xiàn nì zhuǎn méi tàn bǐ zhòng
增长较快，能源结构的变化出现逆转，煤炭比重
yǒu suǒ huí shēng
有所回升。

qí sì néngyuán lì yòng xiào lǜ yǒu dài dà fú tí gāo mù qián wǒ guó
其四，能源利用效率有待大幅提高。目前我国
diàn lì shuǐ ní yě jīn děng gè hào nénghángyè zhǔ yào chǎn pǐn dān wèi néng
电力，水泥，冶金等8个耗能行业主要产品单位能
hào bǐ guó jì xiān jìn shuǐ píng gāo jī dòng chē rán yóu jīng jì xìng shuǐ
耗比国际先进水平高40%，机动车燃油经济性水
píng bǐ ōu zhōu guó jiā dī dān wèi jiàn zhù miàn jī cǎi nuǎnnéng hào shì
平比欧洲国家低25%，单位建筑面积采暖能耗是
qì hòu tiáo jiàn xiāng jìn fā dá guó jiā de zhì bèi dān wèi chǎn zhí néng
气候条件相近发达国家的2 至3 倍。单位产值能
hào bǐ shì jiè píng jūn shuǐ píng gāo bèi duō
耗比世界平均水平高2倍多。

qí wǔ zhì yuē néngyuán fā zhǎn de tǐ zhì xìng máo dùn shàng wèi xiāo chú
其五，制约能源发展的体制性矛盾尚未消除。

zài hóngguānguǎn lǐ lǐng yù yǒu xiào tǒng chóunéngyuán zī yuán kāi fā hé lì yòng
在宏观管理领域，有效统筹能源资源开发和利用

de hóngguānguǎn lǐ tǐ zhì xū yào jìn yí bù wán shàn néngyuán fǎ zhì huà guǎn
的宏观管理体制需要进一步完善，能源法制化管

lǐ de jī chǔ fǎ lǜ tǐ xì xū yào jiàn quán hé qiáng huà zài néngyuán shì chǎng
理的基础法律体系需要健全和强化。在能源市场

fāng miàn néngyuán jià gé jī zhì shàng wèi lǐ shùn qǐ yè jīng yíng guǎn lǐ jī
方面，能源价格机制尚未理顺，企业经营管理机

zhì shàng wèi jiàn quán
制尚未健全。

<人民网> 2006. 04. 15.

단어정리

缓解[huǎn jiě]：완화(하다)
能源工业[néng yuán gōng yè]：에너지 공업
破题[pò tí]：문제를 해결하다, 해결, 요약
当前[dāng qián]：눈앞, 직면하다
约束[yuē shù]：단속하다, 제약하다
最为[zuì wèi]：제일, 가장, 맨 먼저
紧迫[jǐn pò]：긴박하다, 급박하다
前提[qián tí]：선결 조건, 전제 조건
基数[jī shù]：기수 ↔ 序数[xù shù]：서수
吨[dūn]：톤(t)
突出[tū chū]：두드러지다
可持续发展[kě chí xù fā zhǎn]：지속가능 발전
多元发展[duō yuán fā zhǎn]：다원화 발전
立足[lì zú]：발붙이다, 근거하다, 입각하다
开拓[kāi tuò]：개척하다, 개간하다
小康社会[xiǎo kāng shè huì]：중등사회
清洁[qīng jié]：청결하다, 깨끗하다
压力[yā lì]：(추상적인 의미의) 압력
挑战[tiǎo zhàn]：도전(하다)
严峻[yán jùn]：가혹하다, 심하다, 위엄이 있다
分布[fēn bù]：분포하다, 널려있다

相对集中[xiāng duì jí zhōng] : 상대적 집중
需求[xū qiú] : 수요, 필요, 요구, 요구되다, 필요하다
重心[zhòng xīn] : 중심, 질량/중량/무게 중심
偏向[piān xiàng] : 편향, 부정확한 경향, 역성(들다), 두둔(하다), 비호(하다)
储量[chǔ liàng] : 저장 량, 매장 량
愈[yù] : 더욱, ~수록 더, 갈수록
可再生能源[kě zài shēng néng yuán] : 재생가능 에너지
核电[hé diàn] : 원자력 발전, 火电[huǒ diàn] : 화력발전, 水电[shuǐ diàn] : 수력발전
滞缓[zhì huǎn] : 지체, 완만
煤炭[méi tàn] : 석탄
石油[shí yóu] : 석유
回升[huí shēng] : 다시 오르다, 재 상승하다
电力[diàn lì] : 전력
水泥[shuǐ ní] : 시멘트
冶金[yě jīn] : 야금(하다)
有效[yǒu xiào] : 유효한, 효력이 있다
机动车燃油[jī dòng chē rán yóu] : 동력 엔진 연료
单位建筑面积[dān wèi jiàn zhù miàn jī] : 단위 건축면적
采暖能耗[cǎi nuǎn néng hào] : 난방 에너지, 소모
气候条件[qì hòu tiáo jiàn] : 기후 조건
相近[xiāng jìn] : 비슷하다, 접근하다
矛盾[máo dùn] : 모순(되다)
消除[xiāo chú] : 제거하다
尚未~[shàng wèi~] : 아직…하지 않다
理顺[lǐ shùn] : (정리하여) 바로잡다, 정돈하다, 조절하다, 순조롭다

习题[xí tí]

1. 当前能源发展最为迫切的任务是？
2. 2005年我国处在怎样的发展进程中？

정답

1. 缓解能源供给约束和调整不合理结构
2. 我国正处于工业化，城镇化和现代化的发展进程中.

dì kè zhōngguān cūn yí rì zǒu fǎng jì

第17课 中关村一日走访记

yuè rì xīng qī èr wǒ men kāi shǐ le yí tiān de zhōngguān cūn

4月11日， 星期二。我们开始了一天的中关村

zì zhǔ chuàng xīn zǒu fǎng zhī xíng

自主创新走访之行。

zǎo chén diǎn lǐ xiǎng guó jì dà shà céng

早晨9点理想国际大厦11层

bù guǎn shì diàn shì bào zhǐ hái shì lù pái guǎng gào ài guó zhě de

不管是电视、报纸，还是路牌广告，“爱国者”的

míng zì suí chù kě jiàn kě wèi jiā yù hù xiǎo rú jīn tā yòu bèi shēnshēn

名字随处可见，可谓家喻户晓。如今它又被深深

de lào shàngzhōng huá wén huà de yìn jì ér tā yě shì wǒ mén jīn tiān zǒu fǎng

地烙上中华文化的印记。而它也是我们今天走访

de dì yī zhàn

的第一站。

ài guó zhě chuàng shǐ rén huá qí zī xùn gōng sī zǒng cái féng jūn kàn dào jì

爱国者创始人、华旗资讯公司总裁冯军看到记

zhě shí shí fēn gāo xìng wǒ mén zhì zuò de fù yǒu zhōng huá wén huà tè sè

者时十分高兴：“我们制作的富有中华文化特色

de chūn xià qiū dōng dòng màn piàn zuì jìn gāng bèi guó jiā guǎng diàn zǒng jú xuǎn

的‘春夏秋冬’动漫片， 最近刚被国家广电总局选

shàng cān jiā jīn nián de gā nà diàn yǐng jié

上，参加今年的戛纳电影节”。

社会的进步、现代文明的发展是文化与科技相结合的结果，文化与科技相互依存。事实上，科技产业与文化产业的结合也成为中关村科技园区今后发展的新趋势。根据整体安排，到2010年，中关村将成为我国最重要的文化创意产业基地。

华旗是中关村园区文化创新企业的突出代表之一。从公司一成立，冯军就选择了中国文化来塑造企业的核心竞争力。用他的话说："中国的产品要与国际品牌竞争，不能单靠价格，还要学会利用拥有5000年历史的中华文化。一旦企业扎根研发并充分挖掘了丰富的中华文化，将为自己抢占更好的国际市场机遇。

目前华旗所有的设计、研发都围绕着中国文化，其高端mp3子品牌叫"月光宝盒"，这就源于≪大话西游≫。据透露，华旗的动漫公司正在制作≪诗经≫的动漫片，"将会很快推向市场"。

shàng wǔ diǎn níng dà céng
上午10点大厦15层

zài lái cǎi fǎng de lù shàng jì zhě yí huò zhōngguān cūn dào dǐ kào shí
在来采访的路上，记者疑惑：中关村到底靠什
me
么?

suí xíng de zhōngguān cūn guǎn wěi huì de gōng zuò rén yuán tǎn yán wǒ men zhè
随行的中关村管委会的工作人员坦言：我们这
ér zuì guān jiàn de shì kào rén cái dí què duì yú gāo kē jì lì zú de
儿最关键的是靠人才。的确，对于高科技立足的
zhōngguān cūn lái shuō rén cái shì zuì wéi bǎo guì de tè bié shì zuì jìn jǐ nián
中关村来说，人才是最为宝贵的。特别是最近几年，
duō míng yōu xiù xué zǐ cóng shì jiè gè dì lái dào zhōngguān cūn bìng chuàng jiàn
7000多名优秀学子从世界各地来到中关村，并创建
le duō jiā hǎi guī qǐ yè dèng zhōng hàn zhāng huī yě shì zhòng duō
了3000多家海归企业。邓中翰、张辉也是众多
hǎi guī zhōng de yí fēn zǐ nián tā men yīng yāo huí guó chuàng jiàn zhōng
海归中的一分子。1999年他们应邀回国，创建中
xīng wēi diàn zǐ gōng sī bìng dān fù qǐ le xīng guāng zhōng guó xīn gōng chéng lǐng
星微电子公司，并担负起了"星光中国芯工程"，领
dǎo xīng guāng xì liè shù zì duō méi tǐ xīn piàn de yán fā hé chǎn yè huà
导"星光"系列数字多媒体芯片的研发和产业化
gōng zuò
工作。

jié zhì mù qián gè gōng chéng yǐ jīng shí xiàn dà hé xīn jì shù tū pò
截至目前，各工程已经实现7大核心技术突破，
shēn qǐng jìn xiàng guó nèi wài jì shù zhuān lì bìng shí xiàn le yán fā chéng
申请近400项国内外技术专利，并实现了研发成
guǒ de chǎn pǐn huà hé chǎn yè huà zhàn lǐng shì jiè jì suàn jī tú xiàng shū rù
果的产品化和产业化，占领世界计算机图像输入
xīn piàn shì chǎng fèn é yǐ shàng shì zhōngguān cūn zhōng guó xīn zǔ qún
芯片市场份额60%以上，是中关村"中国芯"组群

第二篇 经济文章阅读

de tū chū dài biǎo nián yuè bèi píng wéi guó jiā kē jì jìn bù yī
的突出代表，2005年3月被评为“国家科技进步一
děngjiǎng
等奖”。

duì yú zhōngguān cūn de mèi lì zhāng huī gào sù jì zhě yì fāng miàn zhōng
对于中关村的魅力，张辉告诉记者，一方面，中
guān cūn gāo xiào lín lì yán jiū jī gòu zhòng duō jù yǒu fēng fù de kē jiào
关村高校林立、研究机构众多，具有丰富的科教
zī yuán rén cái zī yuán hé xìn xī zī yuán bìng qiě zhè lǐ chuàng yè chéng běn
资源、人才资源和信息资源“并且这里创业成本
dī lián mù qián zhōng xīng wēi duō rén de yán fā tuán duì zhōng
低廉”，“目前，中星微500多人的研发团队中90%
yǐ shàng dōu shì zhōngguān cūn de běn dì rén cái lìng yì fāng miàn zhōngguān
以上都是中关村的本地人才”。另一方面，中关
cūn dā jiàn le quán fāng wèi de chuàng yè fú wù tǐ xì tí gòng zī jīn hé jì
村搭建了全方位的创业服务体系，提供资金和技
shù zhī chí gǔ lì chuàng yè rěn shī róng bài ràng yǒu mèngxiǎng de rén chōng
术支持，“鼓励创业、忍失容败”，让有梦想的人充
fèn zì yóu de zhǎn shì zì jǐ de cái huá chú le zhōng xīng wēi yǐ wài lǐ
分自由地展示自己的才华。除了中星微以外，李
yàn hóng de tuán duì zài zhōngguān cūn chuàng bàn le bǎi dù sōu suǒ yǐn qíng zhōu
彦宏的团队在中关村创办了“百度”搜索引擎，周
yún fān hé yáng níng chuàng bàn le kōngzhōngwǎng děng jié zhì mù qián yǐ yǒu
云帆和杨宁创办了“空中网”等。截至目前，已有
jiā zài měi guó nà sī dá kè shàng shì de zhōngguān cūn gōng sī zhàn jù le
11家在美国纳斯达克上市的中关村公司，占据了
zhōng guó zài nà sī dá kè shàng shì zǒng liàng de bàn bì jiāng shān ér zhōngguān cūn
中国在纳斯达克上市总量的半壁江山，而中关村
yě chéng wéi hǎi wài jīng yīng rén cái de jù jí gāo dì
也成为海外精英人才的聚集高地。

<经济日报> 2006. 04. 13.

단어정리

中关村[zhōng guān cūn] : (中关村科技园[zhōng guān cūn kē jì yuán]) 중관촌 과학기술 지구
报纸[bào zhǐ] : 신문
记者[jì zhě] : 기자
开始[kāi shǐ] : 시작하다
自主[zì zhǔ] : 자주적인
戛纳[gā nà] : 칸느
创新[chuàng xīn] : 혁신, (동사)옛 것을 버리고 새 것을 창조하다
自主创新[zì zhǔ chuàng xīn] : 자기혁신
走访[zǒu fǎng] : 방문하다, 인터뷰하다
理想[lǐ xiǎng] : 이상, 이상적이다
国际大厦[guó jì dà shà] : 국제 빌딩
不管~[bù guǎn~] : ~에 관계없이, ~을 막론하고
还是[hái shì] : 아직도, 여전히
如今[rú jīn] : (비교적 먼 과거와 대비하여) 지금까지, 이제까지
烙上[lào shàng] : (낙인 따위를) 찍다
中华文化[zhōng huá wén huà] : 중화 문화
路牌广告[lù pái guǎng gào] : 노상 광고
随处可见[suí chù kě jiàn] : 어디(서)나 다 볼 수 있다
可谓[kě wèi] : 이른바
如今[rú jīn] : 지금까지
家喻户晓[jiā yù hù xiǎo] : 집집마다 알다 , 모두 다 알다
印记[yìn jì] : 기호, 표, 날인(捺印)
爱国者[ài guó zhě] : 애국자(여기서 한 회사의 이름)
创始人[chuàng shǐ rén] : 창시자
华旗资讯[huá qí zī xùn] : 화치자문회사
公司[gōng sī] : 회사
总裁[zǒng cái] : 총재
见到[jiàn dào] : 만나다, 목격하다, 보다
十分[shí fēn] : 십분, 매우, 대단히, 충분히
高兴[gāo xìng] : 좋아하다, 기뻐하다, 즐거워하다
制作[zhì zuò] : 제작하다, 제조하다, 만들다
春夏秋冬[chūn xià qiū dōng] : 춘(봄), 하(여름), 추(가을) 동(겨울)
动漫片[dòng màn piàn] : 만화 영화
最近[zuì jìn] : 최근, 요즈음

刚[gāng] : 지금 , 막, 바로
国家广电总局[guó jiā guǎng diàn zǒng jú] : 국가 방송총국 (중국 TV방송 총국)
选上[xuǎn shàng] : 당선하다
社会进步[shè huì jìn bù] : 사회진보
现代文明[xiàn dài wén míng] : 현대문명
富有[fù yǒu] : 부유하다, 유복하다, 풍부하다
结合[jié hé] : 결합(하다), 결부(하다)
相互依存[xiāng hù yī cún] : 상호 의존
科技产业[kē jì chǎn yè] : 과학 기술 산업
文化产业[wén huà chǎn yè] : 문화 산업
趋势[qū shì] : 추세, 경향
根据[gēn jù] : 근거하다, 의거하다, 따르다, 근거
安排[ān pái] : 배려, 안배하다
创意[chuàng yì] : 새로운 의견, 새로운 고안, 창의
选择[xuǎn zé] : 선택하다
塑造[sù zào] : 빚어서 만들다, 조소하다
国际品牌[guó jì pǐn pái] : 국제 브랜드
利用[lì yòng] : 이용(하다), 활용(하다),
靠[kào] : 의지(의존)하다
挖掘[wā jué] : 파다, 캐다, 발굴하다, 찾아내다
拥有[yōng yǒu] : (많은 토지 인구 재산 따위를) 보유/소유하다, 가지다
扎根[zhā gēn] : 부리를 박다, 든든한 근거를 마련하다
一旦[yí dàn] : 하루 아침, 잠시, 잠간, 어느 때, 일단
丰富[fēng fù] : 풍부하다, 많다
抢占[qiǎng zhàn] : 앞을 다투어 점령하다, 불법으로 점유하다
国际市场[guó jì shì chǎng] : 국제 시장
设计[shè jì] : 설계(하다), 디자인(하다), 계획(하다)
所有的[suǒ yǒu de] : 모든
研发[yán fā] : 연구 개발하다, 연수개발
机遇[jī yù] : 좋은 기회, 찬스
围绕~[wéi rào~] : 둘러싸다, 주위 (둘레)를 돌다
高端[gāo duān] : 첨단
立足[lì zú] : 발을 붙이다
源于~[yuán yú] : ~에 근원을 두다, 근원, 출처, 기원
透露[tòu lù] : 드러내다, 폭로하다, 누설하다, 시사하다, 암시하다
推向[tuī xiàng] : 끌어올리다
采访[cǎi fǎng] : 탐방하다, 취재하다, 인터뷰하다

疑惑[yí huò] : 의혹, …이 아닌가 의심하다
到底[dào dǐ] : 도대체, 마침내, 결국, 최후까지 …하다
随行[suí xíng] : 수행하다, 따라가다
管委会[guǎn wěi huì] : 관리위원회
工作人员[gōng zuò rén yuán] : 일하는 사람, 일꾼, 조무자, 직원, 근로자
坦言[tǎn yán] : (솔직)진실하게 말하다
的确[dí què] : 확실히, 분명히, 정말
关键[guān jiàn] : 관건, 열쇠, 키포인트
宝贵[bǎo guì] : 귀중하다, 소중히 하다, 중시하다
优秀[yōu xiù] : 우수하다
学子[xué zǐ] : 학생
海归[hǎi guī] : 유학하고 들어온 사람들
创建[chuàng jiàn] : 창건하다, 창립하다, 창설하다
众多[zhòng duō] : 매우 많다,
应邀[yìng yāo] : 초대 또는 초청에 응하다
回国[huí guó] : 귀국하다
系列[xì liè] : 계열, 시리즈
数字多媒体[shù zì duō méi tǐ] : 디지털 멀티미디어
核心[hé xīn] : 핵심, 주요 부분, 중심, (과일의 속에 있는) 씨
产业化[chǎn yè huà] : 산업화
截至目前[jié zhì mù qián] : 현재까지
信息[xìn xī] : 정보
突破[tū pò] : (한계/난관 따위를) 돌파하다, 타파하다
申请[shēn qǐng] : 신청하다
计算机[jì suàn jī] : 컴퓨터, 计算器[jì suàn qì] : 계산기
图像[tú xiàng] : 형상, 영상
芯片[xīn piàn] : 칩
市场份额[shì chǎng fèn é] : 시장 점유율
评为~[píng wéi~] : ~라고 판정(심사)하다
国家科技进步一等奖[guó jiā kē jì jìn bù yì děng jiǎng] : 국가기술진보 1등상
科教[kē jiào] : 과학 교육
高校[gāo xiào] : 대학교(고등교육기관)
林立[lín lì] : 숲처럼 빽빽이 늘어서다
资源[zī yuán] : 자원
成本[chéng běn] : 비용, 코스트
团队[tuán duì] : 단체, 집체, 대오
低廉[dī lián] : 싸다, 저렴하다

第二篇 经济文章阅读

容忍[róng rěn] : 참고 용서하다, 참고 견디다, 허용하다
失败[shī bài] : 실패(하다), 패배(하다),
忍失容败[rěn shī róng bài] : 실패를 존중하다
梦想[mèng xiǎng] : 몽상, 헛된 생각, 갈망, 꿈
充分[chōng fēn] : 충분하다 충분히, 완전히
展示[zhǎn shì] : 전시하다, 분명하게 나타내 보이다
才华[cái huá] : 밖에 나타난 재능, 빛나는 재주, 뛰어난 재능
专利[zhuān lì] : (전매) 특허
全方位[quán fāng wèi] : 전방위, 다각도, 사면팔방
搜索[sōu suǒ] : 수색하다, 수사하다, 자세히 뒤지다, 검색하다
引擎[yǐn qíng] : 엔진(engine)
搜索引擎[sōu suǒ yǐn qíng] : 검색 엔진
搭建[dā jiàn] : (건물 따위를) 세우다, (조직 기구를) 만들다
服务体系[fú wù tǐ xì] : 서비스 시스템
半壁江山[bàn bì jiāng shān] : 국토의 반(여기서는 총량의 반이란 뜻)
精英[jīng yīng] : 정화(精华), 걸출한(뛰어난) 인물, 엘리트
纳斯达克[nà sī dá kè] : 나스닥

习题[xí tí]

1. 爱国者创始人，华旗资讯公司的总裁是谁？
2. 在文中，中关村到2010年会成为什么样的基地？

정답

1. 冯军
2. 中关村将成为我国最重要的文化创意产业基地.

dì kè
第18课

zhōuxiǎochuān
周小川：

wǒ shǐ zhōng duì tōng huò péngzhàng bǎo chí jǐng tì
我始终对通货膨胀保持警惕

yānghángháng cháng zhōu xiǎo chuān zuó tiān fǒu rèn huò bì zhèng cè jiāng fàng qì huò
央行行长周小川昨天否认货币政策将放弃货
bì gòng yīng liàng mù biāo ér shí xíng tōng zhàng mù biāo zhì bìng duì tōng huò péngzhàng
币供应量目标而实行通胀目标制，并对通货膨胀
yù qī hé chǔ xù lǜ kuài sù pān shēng biǎo shì dān yōu
预期和储蓄率快速攀升表示担忧。

zhōu xiǎo chuān zài cái jīng nián huì shàng fā biǎo yǎn jiǎng biǎo shì tōng
周小川在“财经2007年会”上发表演讲表示，通
zhàng mù biāo zhì suī rán bèi hěn duō hǎi wài yāngháng suǒ cǎi nà dàn mù qián bìng
胀目标制虽然被很多海外央行所采纳，但目前并
bú shì hé zhōng guó guó qíng wǒ men hái jiāng shí xíng duō mù biāo zhì lì tú
不适合中国国情。“我们还将实行多目标制，力图
wěn dìng huò bì wéi chí dī tōng zhàng cù jìn jīng jì zēng zhǎng jiù yè hé guó jì
稳定货币维持低通胀，促进经济增长，就业和国际
shōu zhī píng héng wǒ men huì jiāng shù liàng hé jià gé gōng jù hùn hé shǐ yòng
收支平衡。我们会将数量和价格工具混合使用”。

zhōu xiǎo chuān cǐ fān biǎo tài shì duì bù fen jīng jì xué jiā yāo qiú gǎi gé
周小川此番表态是对部分经济学家要求改革
huò bì zhèng cè de huí yìng cǐ qián bāo kuò shè kē yuàn jīn róng suǒ suǒ zhǎng
货币政策的回应。此前，包括社科院金融所所长、
yuán huò bì zhèng cè wěi yuán huì wěi yuán lǐ yáng děng zài nèi de duō wèi jīng jì
原货币政策委员会委员李扬等在内的多位经济

xué jiā tí chū yāngháng yǐ huò bì gòng yīng liàng wéi zhōng jiè mù biāo de huò bì
学家提出，央行以货币供应量为中介目标的货币
zhèng cè cāo zuò fāng shì yǐ jīng zǒu dào jìn tóu bìng jiàn yì yāngháng zài lì lǜ
政策操作方式已经走到尽头，并建议央行在利率、
tōng huò péngzhàng yín háng xìn dài sān gè mù biāo zhōng zuò chū xuǎn zé
通货膨胀、银行信贷三个目标中做出选择。

zài yǎn jiǎngzhōng zhōu xiǎo chuān duō cì jiāng huò bì zhèng cè zhōng shù liànggōng jù
在演讲中，周小川多次将货币政策中数量工具
hé jià gé gōng jù xiāng tí bìng lùn ér cóng jīn nián de yānghángzhèng cè lái kàn
和价格工具相提并论。而从今年的央行政策来看，
cóng tiáo zhěng lì lǜ dào tiáo zhěngzhǔn bèi jīn lǜ zài dào fā xíng yāng piào dìng
从调整利率到调整准备金率，再到发行央票、定
xiàng piào jù yǐ jí chuāng kǒu zhǐ dǎo yāngháng xiǎn rán gèng qīng xiàng yú cǎi yòng shù
向票据以及窗口指导，央行显然更倾向于采用数
liàng hé jià gé gōng jù de zǔ hé lái dá dào mù biāo zhōu xiǎo chuānshuō
量和价格工具的组合来达到目标。周小川说。

wǒ mén céng jīng fǎn fù héngliàng shù liànggōng jù hé jià gé gōng jù de yōu liè
“我们曾经反复衡量数量工具和价格工具的优劣，
liǎng nián qián wǒ tí chū xī wàng jiā qiáng jià gé gōng jù dí shǐ yòng cǐ hòu wǒ
两年前我提出希望加强价格工具的使用，此后我
mén yě de què shì zhè yàng zuò de
们也的确是这样做的”。

zhōu xiǎo chuānchēng tuī dòng jīn róng gǎi gé zài mǒu zhǒngchéng dù shàng kě néng bǐ
周小川称，推动金融改革在某种程度上可能比
yānghángzhèng cè bǎo chí dú lì xìng gèng wéi zhòng yào jīn róng gǎi gé shì dāng
央行政策保持独立性更为重要。“金融改革是当
qián de zhǔ yào gōng zuò zhè xū yào wǒ men hé qí tā zhèng fǔ bù mén xié tiáo
前的主要工作，这需要我们和其他政府部门协调
pèi hé yīn cǐ yānghángzhèng cè dú lì xìng hé tòu míng dù nán miǎnshòu dào yǐng
配合，因此央行政策独立性和透明度难免受到影
xiǎng guān chá rén shì rèn wéi cóng dú lì xìng jiǎo dù lái kàn yāngháng jìn
响”。观察人士认为，从独立性角度来看，央行进

xíng shù liàng tiáo kòng kě néng bǐ jià gé tiáo kòng rú shēng xī gèng róng yì yīn
行数量调控可能比价格调控(如升息)更容易，因
wéi hòu zhě xū yào xié tiáo gèng duō bù mén
为后者需要协调更多部门。

wǒ shǐ zhōng duì tōng huò péng zhàng bǎo chí jǐng tì zhōu xiǎo chuān biǎo shì mù
“我始终对通货膨胀保持警惕”。周小川表示，目
qián xíng shì xià yǐng xiǎng tōng zhàng de yīn sù kě néng bú zài dān chún shì huò bì
前形势下影响通胀的因素可能不再单纯是货币
gòng yīng liàng ér shì shì chǎng duì tōng zhàng běn shēn de yù qī ér yāng háng bì
供应量，而是市场对通胀本身的预期，而央行必
xū wěn dìng zhè yí yù qī
须稳定这一预期。

duì yú gāo chǔ xù lǜ zhōu xiǎo chuān rèn wéi bìng méi yǒu jù tǐ de biāo zhǔn
对于高储蓄率，周小川认为并没有具体的标准
lái héng liàng chǔ xù lǜ shì gāo hái shì dī dàn shì yà zhōu jīn róng wēi jī yǐ
来衡量储蓄率是高还是低，但是亚洲金融危机以
lái wǒ guó chǔ xù lǜ tí gāo le shí gè bǎi fēn diǎn zuǒ yòu zhè shǐ dé tóu
来我国储蓄率提高了十个百分点左右，这使得投
zī yǒu le gāo zēng zhǎng de qián lì tóng shí yě dǎo zhì bù fen háng yè chǎn néng
资有了高增长的潜力，同时也导致部分行业产能
guò shèng shǐ jià gé miàn lín xià xíng yā lì jiū qí yuán yīn tā rèn wéi
过剩，使价格面临下行压力。究其原因，他认为
zhè kě néng shì yóu yú qī jiān wǒ guó hái tuī chū le zhù fáng yī yào jiào
这可能是由于期间我国还推出了住房，医药，教
yù yǎng lǎo děng duō xiàng zhì dù gǎi gé cóng ér dǎo zhì yù fáng xìng chǔ xù
育，养老等多项制度改革，从而导致预防性储蓄
shàng shēng jiào kuài wǒ men kě yǐ gǎi shàn shōu rù fēn pèi yǐ cǐ kuò dà
上升较快。“我们可以改善收入分配，以此扩大
xiāo fèi lái jiàng dī chǔ xù lǜ
消费来降低储蓄率”。

zuì hòu zhōu xiǎo chuān hái biǎ shì běn zhōu jiāng yǔ měi guó cái zhǎng bǎo ěr
最后，周小川还表示，本周将与美国财长保尔

sēn měi lián chǔ zhǔ xí bó nán kè yǐ jí qí tā fǎng huá měi guó guān yuán jìn
森，美联储主席伯南克以及其他访华美国官员进
xíng zhèng miàn gōu tōng
行正面沟通。

≪上海证券报≫ 2006 / 12 / 12

단어정리

通货膨胀[tōng huò péng zhàng] : 통화 팽창, 인플레이션
保持[bǎo chí] : 유지하다, 지키다
警惕[jǐng tì] : 경계(하다), 경계심(을 가지다)
攀升[pān shēng] : 오르다, 높이 오르다
收支平衡[shōu zhī píng héng] : 수지균형
价格工具[jià gé gōng jù] : 가격 수단
效率[xiào lǜ] : 효율, 능률
放弃[fàng qì] : 포기하다
尽头[jìn tóu] : 막바지, 말단, 끝
供应量[gòng yīng liàng] : 공급량
目标[mù biāo] : 목표물, 표적, 목표
担忧[dān yōu] : 걱정하다, 근심하다
演讲[yǎn jiǎng] : 강연(하다), 연설(하다)
采用[cǎi yòng] : 채용하다
倾向[qīng xiàng] : 경도되다, 편들다, 마음이 쏠리다, 경향, 추세
定向[dìng xiàng] : 방향이나 목적, 방향을 정하다, 경향
票据[piào jù] : 어음, 유가증권
预期[yù qī] : 예상, 기대
适合[shì hé] : ~에 어울리다
力图[lì tú] : ~에 애쓰다
表态[biǎo tài] : 입장을 밝히다
~在内的[zài nèi de] : ~을 포함한
显然[xiǎn rán] : 분명히
此番[cǐ fān] : 이번, 금번
中介目标[hōng jiè mù biāo] : 매개 수단, 중개 목표
相提并论[xiāng tí bìng lùn] : 함께 논하다
准备金率[zhǔn bèi jīn lǜ] : 지급준비율
央票[yāng piào] : 중앙은행(央行票据) 채권

定向票据[dìng xiàng piào jù] : (목적이 있는) 어음, 채권
导致[dǎo zhì] : 야기하다, (어떤 사태를)초래하다(가져오다)
正面沟通[zhèng miàn gōu tōng] : 직접 교류하다
透明度[tòu míng dù] : 투명도
窗口指导[chuāng kǒu zhǐ dǎo] : 창구지도
难免[nán miǎn] : ~을 면하기 어렵다
升息[shēng xī] : 이자율인상
究其原因[jiū qí yuán yīn] : 원인을 살펴보면

习题[xí tí]

1. 央行行长是谁？
2. 周小川在文章中的表态是对于什么的回应？

정답

1. 周小川
2. 是对部分经济学家要求改革货币政策的回应.

dì kè
第19课

jiān chí bǎ sān nóng wèn tí fàng zài jīng jì
坚持把三农问题放在经济
shè huì fā zhǎn quán jú de tū chū wèi zhì
社会发展全局的突出位置

bì xū jiān chí bǎ sān nóng wèn tí fàng zài jīng jì shè huì fā zhǎn quán
必须坚持把“三农”问题放在经济社会发展全
jú de tū chū wèi zhì zhè shì wǒ men zài guàn chè luò shí kē xué fā zhǎn guān
局的突出位置，这是我们在贯彻落实科学发展观
guò chéng zhōng de yì tiáo zhòng yào de xīn tǐ huì xīn rèn shí jù yǒu hěn qiáng
过程中的一条重要的新体会，新认识，具有很强
de zhēn duì xìng hé zhǐ dǎo xìng
的针对性和指导性。

jìn jǐ nián zhōng yāng cǎi qǔ le yí xì liè jiě jué sān nóng wèn tí de
近几年，中央采取了一系列解决“三农”问题的
zhèng què zhèng cè nóng yè xíng shì jiào hǎo liáng shi wěn dìng zēng chǎn nóng mín chí
正确政策，农业形势较好粮食稳定增产，农民持
xù zēng shōu wèi jīng jì shè huì píng wěn kuài sù fā zhǎn tí gòng le zhòng yào zhī
续增收，为经济社会平稳快速发展提供了重要支
chēng shǐ wǒ men zhǎng wò le móu huá quán jú de zhǔ dòng quán dàn shì yě bì
撑，使我们掌握了谋划全局的主动权。但是也必
xū kàn dào sān nóng gōng zuò réng cún zài bù shǎo wèn tí nóng mín zhòng liáng shōu
须看到，“三农”工作仍存在不少问题，农民种粮收
yì jiǎn shǎo shēng chǎn jī jí xìng shòu dào yǐng xiǎng nóng yè jī chǔ cuì ruò kàng
益减少，生产积极性受到影响。农业基础脆弱，抗
zāi néng lì bù qiáng nóng mín zēng shōu nán dù jiā dà zài nóng yè chí xù fēng
灾能力不强，农民增收难度加大。在农业持续丰

shōu jīng jì xíng shì jiào hǎo de qíng kuàng xià chū xiàn le fàng sōng nóng yè tè
收，经济形势较好的情况下，出现了放松农业特
bié shì fàng sōng liáng shi shēng chǎn de qīng xiàng duì zhè xiē wèn tí yīng dāng yǐn
别是放松粮食生产的倾向。对这些问题，应当引
qǐ gāo dù zhòng shì
起高度重视。

lì shǐ jīng yàn biǎ míng nóng yè fā zhǎn guān xì guó mín jīng jì quán jú hū
历史经验表明，农业发展关系国民经济全局，忽
shì nóng yè wǎng wǎng dǎo zhì zhěng gè jīng jì chū wèn tí zài tuī jìn xiàn dài huà
视农业往往导致整个经济出问题。在推进现代化
de guò chéng zhōng nóng yè bǐ zhòng zhú bù xià jiàng shì kè guān guī lǜ dàn nóng
的过程中，农业比重逐步下降是客观规律，但农
yè de dì wèi hé zuò yòng sī háo méi yǒu jiàng dī fǎn ér gèng jiā zhòng yào
业的地位和作用丝毫没有降低，反而更加重要。
wǒ men yào shǐ zhōng láo jì wǒ guó yǒu yì rén kǒu bǎo zhàng liáng shi ān
我们要始终牢记，我国有13亿人口，保障粮食安
quán bì xū lì zú guó nèi quán miàn jiàn shè xiǎo kāng shè huì de zhòng diǎn hé nán
全必须立足国内；全面建设小康社会的重点和难
diǎn zài nóng cūn jiě jué hǎo sān nóng wèn tí xū yào cháng qī bú xiè de
点在农村；解决好“三农”问题需要长期不懈的
jiān kǔ nǔ lì
艰苦努力。

jiān chí bǎ sān nóng wèn tí fàng zài jīng jì shè huì fā zhǎn quán jú de
坚持把“三农”问题放在经济社会发展全局的
tū chū wèi zhì shì guàn chè luò shí kē xué fā zhǎn guān de nèi zài yào qiú
突出位置，是贯彻落实科学发展观的内在要求。
chéng xiāng tǒng chóu chéng xiāng xié tiáo fā zhǎn shì shí xiàn jīng jì shè huì quán miàn
城乡统筹，城乡协调发展，是实现经济社会全面
xié tiáo kě chí xù fā zhǎn de zhòng yào nèi róng nóng yè nóng cūn nóng mín
协调可持续发展的重要内容。农业，农村，农民
wèi guó mín jīng jì fā zhǎn tí gòng guǎng kuò shì chǎng dà liàng gōng yè yuá liào hé
为国民经济发展提供广阔市场，大量工业原料和

fēng fù láo dòn lì shì gōng yè fā zhǎn chéng shì fán róng shè huì jìn bù de
丰富劳动力，是工业发展，城市繁荣，社会进步的
qiáng dà zhī chēng nóng yè jī chǔ bù wěn guó mín jīng jì bù kě néng wěn dìng
强大支撑。农业基础不稳，国民经济不可能稳定；
nóng cūn fā zhǎn zhì hòu shè huì bú kě néng quán miàn jìn bù nóng mín bú fù
农村发展滞后，社会不可能全面进步；农民不富
yú quán miàn xiǎo kāng bú kě néng shí xiàn zài wǒ guó gōng yè huà chéng zhèn
裕，全面小康不可能实现。在我国工业化，城镇
huà shì chǎng huà guó jì huà jiā kuà tuī jìn de guò chéng zhōng xū shǐ zhōng gāo
化，市场化，国际化加快推进的过程中，须始终高
dù zhòng shì sān nóng wèn tí wǒ men yào zēng qiáng wē jī gǎn zēng qiáng dà
度重视“三农”问题。我们要增强危机感，增强大
jú yì shí gèng jiā zhòng shì hé jiā qiáng nóng yè de jī chǔ dì wèi jiān chí
局意识，更加重视和加强农业的基础地位，坚持
bǎ jiě jué hǎo sān nóng wèn tí zuò wéi quán dǎng gōng zuò zhòng zhōng zhī zhòng de
把解决好“ 三农” 问题作为全党工作重中之重的
zhàn lüè sī xiǎng sī háo bú dòng yá jiān chí cù jìn nón yè wěn dìng fā zhǎ
战略思 想丝毫不动摇，坚持促进农业稳定发展，
nóng mín chí xù zēn shōu de rèn wù sī háo bú fàng sōng jiān chí zhā shí tuī jìn
农民持续增收的任务丝毫不放松，坚持扎实推进
xīn nóng cūn jiàn shè de gōng zuò lì dù sī háo bù jiǎn ruò
新农村建设的工作力度丝毫不减弱。

sān nóng wèn tí shì guān quá jú quán jú de gōng zuò xū yào cóng quán
“三农”问题事关全局。全局的工作需要从全
jú lái zhuā wǒ men yào zhàn zài jīng jì shè huì fā zhǎn de quán jú bǎ wā
局来抓。我们要站在经济社会发展的全局，把挖
jué nóng yè zì shēn qián lì yǔ gōng yè fǎn bǔ nóng yè jié hé qǐ lái bǎ kuò
掘农业自身潜力与工业反哺农业结合起来，把扩
dà nóng cūn jiù yè yǔ yǐn dǎo nóng cūn fù yú láo dòng lì yǒu xù zhuǎn yí jié
大农村就业与引导农村，富余劳动力有序转移结
hé qǐ lái bǎ tuī jìn shè huì zhǔ yì xīn nóng cūn jiàn shè yǔ wěn bù tuī
合起来，把推进社会主义新农村建设，与稳步推

jìn chéngzhèn huà jié hé qǐ lái jiā kuài jiàn lì yǐ gōng cù nóng chéng dài xiāng
进城镇化结合起来，加快建立以工促农、城带乡

de zhèng cè tǐ xì hé tǐ zhì jī zhì chéngchéngxiāngliáng xìng hù dòng de fā zhǎn
的政策体系和体制机制，成城乡良性互动的发展

gé jú
格局。

≪人民日报≫ 2006. 12. 12.

단어정리

三农问题[sān nóng wèn tí]：삼농문제, 중국의 농촌문제, 농민문제 그리고 농업 문제
贯彻[guàn chè]：(방침, 정책, 정신, 방법 따위를) 관철하다, 철저히 실행하다
落实[luò shí]：실시하다, 구체화하다, 실현하다, 확실하게 하다
新体会[xīn tǐ huì]：새로운 이해(체득), 깨달음
新认识[xīn rèn shi]：새로운 인식
支持[zhī chí]：힘써 견디다, 지탱하다, 지지하다, 후원하다
掌握[zhǎng wò]：파악하다, 장악하다, 이해하다
谋划[móu huà]：계획하다, 꾀하다
主动权[zhǔ dòng quán]：주도권
收益[shōu yì]：수익
脆弱[cuì ruò]：취약하다, 연약하다
仍[réng]：여전히
抗灾[kàng zāi]：재해에 재처하다
丰收[fēng shōu]：풍작
放松[fàng sōng]：늦추다, 느슨하게 하다, 풀어주다
历史经验[lì shǐ jīng yàn]：역사적 경험
逐步[zhú bù]：점차
客观规律[kè guān guī lǜ]：객관적 법칙
牢记[láo jì]：명심하다, 깊이 마음에 새기다
保障[bǎo zhàng]：보장하다, 보증하다, 보장
广阔[guǎng kuò]：넓다, 광활하다
原料[yuán liào]：원료, 소재
劳动力[láo dòng lì]：노동력
繁荣[fán róng]：번영하다, 번창하다

动摇[dòng yáo] : 동요하다, 흔들리다
丝毫[sī háo] : 추호, 극히 적은 수량(주로 부정문에 쓰임), 조금도
长期不懈[cháng qī bù xiè] : 장기간 게을리 하지 않다, 잠시도 쉬지 않다
支撑[zhī chēng] : 버팀목, 지지대
滞后[zhì hòu] : 낙후, 뒤지다
须[xū] : 반드시~하다,~가 필요하다
扎实[zhā shí] : 착실하다, 튼튼하다
艰苦努力[jiān kǔ nǔ lì] : 각고의 노력
重中之重[zhòng zhōng zhī zhòng] : 가장 중요한 것
挖掘[wā jué] : 파다, 캐다, 발굴하다, 찾아내다
反哺[fǎn bǔ] : 보답하다, 원래는 "까마귀 새끼가 자란 뒤에 늙은 어미에게 먹을 것을 물어다주다"라는 뜻=**返哺**[fǎn bǔ]

习题[xí tí]

1. 在我国工业化，城镇化，市场化，国际化加快推进的过程中，为什么必须高度重视三农问题？
2. 坚持把三农问题放在经济社会发展全局突出位置的意义？

정답

1. 农业基础不稳，国民经济不可能稳定；农村发展滞后，社会不可能全面进步；农民不富裕，全面小康不可能实现．
2. 是我们在贯彻落实科学发展观过程中的一条重要的新体会, 新认识，具有很强的针对性和指导性。

dì kè
第20课

zhōng guó nèi dì nǚ xìng zài yáng míng pái yú lǎo zì hào zhī jiān pái huái
中国内地女性在“洋名牌”与“老字号”之间徘徊

第二篇 经济文章阅读

chuān yī liú xíng xiān nai ěr kāi chē zuì hǎo shì bǎ mǎ kǎo yā yào chī
“穿衣流行香奈尔，开车最好是宝马，烤鸭要吃
quán jù dé yǎng shēng hái zhǎo tón rén táng jīn rì zài shàng hǎi jǔ xíng de
全聚德，养生还找同仁堂”。今日在上海举行的
zhōng guó nǚ xìng xiāo fèi lùn tán pī lù shí xià nèi dì nǚ xìng de xiāo fèi guān
中国女性消费论坛披露，时下内地女性的消费观
niàn zài yáng pǐn pái hé zhōng huá lǎo zì hào zhī jiān pái huái
念在“洋品牌”和中华“老字号”之间徘徊。

quán guó fù lián zhǔ xí gù xiù lián yǔ huì bìng biǎo shì nèi dì nǚ xìng de
全国妇联主席顾秀莲与会并表示，内地女性的
xiāo fèi bù jǐn zhàn dào le běn tǔ shì chǎng de bàn biān tiān gèng zhòng yào de
消费不仅占到了本土市场的“半边天”，更重要的
shì lián dài lā dòng le ér tóng jí lǎo nián rén de xiāo fèi shì chǎng chēng zǒng
是连带拉动了儿童及老年人的消费市场。称，总
rén shù jù dà de zhōng guó nǚ xìng zài quán qiú fàn wéi nèi de gòu mǎi lì yě
人数巨大的中国女性，在全球范围内的购买力也
jué duì bù kě xiǎo qù yīn cǐ qià dāng yǐn dǎo nǚ xìng xiāo fèi duì shù lì
绝对不可小觑，因此恰当引导女性消费，对树立
zhōng huá mín zú běn tǔ pǐn pái jí bǎo hù lǎo zì hào zhì guān zhòng yào
中华民族本土品牌及保护“老字号”至关重要。

gāi lùn tán gōng bù de yí xiàng zuì xīn diào chá xiǎn shì zài huà zhuāng pǐn zhū
该论坛公布的一项最新调查显示，在化妆品，珠

宝首饰，服装服饰等近二十大消费领域中，内地女性最崇尚的品牌恰巧是“本土”与“海外”平分秋色。问鼎的“洋品牌”包括欧莱雅，飞利浦等，同时上榜的中华“老字号”则有同仁堂，此外周大福和康师傅两大港台品牌，也对内地女性消费者颇具吸引力。

内地女性作为市场消费的绝对主力，她们对本土品牌“恨铁不成钢”，已是司空见惯。不过，此番公布的调查结果也显示，内地女性消费者对中华“老字号”的期望值仍相当高，大部分受访者表示“老字号”最具魅力之处在于深厚的文化底蕴。

调查报告称，在对大陆北京、上海等十大城市的千余名女性消费者的调查中，受访者共列举出四百六十个心目中最知名的中国“老字号”，排名“三甲”的分别是同仁堂、全聚德、狗不理。

≪中国妇女≫杂志总编韩湘景认为，市场人士

bù fáng zài běn tǔ pǐn pái de wēi jī zhōng kàn dào xī wàng yīn wèi zài
不妨在本土品牌的“危机”中看到希望。因为，在
shāng pǐn zhì liàng jià gé hé fú wù chà bù duō shí chāo guò bàn shù de nèi
商品质量、价格和服务差不多时，超过半数的内
dì nǚ xiāo fèi zhě biǎo shì huì xuǎn gòu běn tǔ pǐn pái duì cǐ cháng qī chàng
地女消费者表示会选购本土品牌。对此，长期倡
dǎo zhōng guó nǚ xìng yīng dāng chuān běn tǔ fú shì de shàng hǎi fú zhuāng xié huì mì
导中国女性应当穿本土服饰的上海服装协会秘
shū cháng xú xiù qīng biǎo shì zhōng guó nǚ xìng chuān chū mín zú tè sè bù jǐn
书长徐秀清表示，中国女性穿出民族特色，不仅
shì wèi le dǎ dòng shēn biān de nán xìng gèng kě yǐ gǎn dòng shì jiè
是为了打动身边的男性，更可以感动世界。

<中国新闻社> 2006. 12. 11

단어정리

内地[nèi dì] : 중국 내륙지역
女性[nǚ xìng] : 여성
外国品牌[wài guó pǐn pái] : 외국 브랜드
老字号[lǎo zì hào] : 전통 브랜드
徘徊[pái huái] : 배회하다, 왔다 갔다 하다, 망설이다, 주저하다
穿衣[chuān yī] : 옷을 입다
流行[liú xíng] : 유행(하다)
香奈尔[xiāng nài ěr] : 샤넬
宝马[bǎo mǎ] : BMW(자동차 회사 이름)
全聚德[quán jù dé] : 베이징의 카오야집 이름
同仁堂[tóng rén táng] : 베이징의 유명한 전통 약국
论坛[lùn tán] : 의견을 논술하는 장소, 논단, 언론계, BBS게시판
养生[yǎng shēng] : 양생(섭생) 하다, 보양하다
披露[pī lù] : 공표(발표)하다, (심중을) 드러내다, 털어놓다
时下[shí xià] : 현재, 지금
妇联[fù lián] : 여성연맹

观念[guān niàn] : 관념, 생각
本土市场[běn tǔ shì chǎng] : 본토시장
半边天[bàn biān tiān] : 하늘의 반쪽, 세상 (사회)의 반쪽, (신사회의) 여성
连带[lián dài] : 서로 관련 (관계) 되다, 연대하다, …까지 (을) 포함하다
拉动[lā dòng] : 적극적으로 이끌다, 촉진하다
购买力[gòu mǎi lì] : 구매력
不可小觑[bù kě xiǎo qù] : 얕 볼 수 없다, 경시할 수 없다
觑[qù] : 곁눈질해 보다
恰当[qià dàng] : 알맞다, 적절하다, 적당하다, 합당하다
至关[zhì guān] : 매우, 지극히
恰好[qià hǎo] : 적당하다, 바로
树立[shù lì] : 세우다, 수립하다, 확립하다
本土品牌[běn tǔ pǐn pái] : 본토 브랜드
区域[qū yù] : 영역, 분야
平分秋色[píng fēn qiū sè] : 각각 절반씩 차지하다, 똑같이 나누어 가지다, 분점하다
问鼎[wèn dǐng] : 우승을 노리다, 선수권에 도전하다
冠军[guàn jūn] : 우승, 1등, 亚军[yà jūn] : 2등
颇具[pō jù] : 상당히 갖추다
吸引力[xī yǐn lì] : 끄는 힘, 매력, 설득력
欧莱雅[ōu lái yǎ] : 로레알(Loreal)
飞利浦[fēi lì pǔ] : 필립스
绝对主力[jué duì zhǔ lì] : 절대적인 주력군, 주력
司空见惯[sī kōng jiàn guàn] : 항상 보아서 신기하지 않게 생각하다, 흔히 있는 일이다
恨铁不成钢[hèn tiě bù chéng gāng] : 무쇠가 강철이 되지 못함을 안타까워하다, 훌륭한 사람이 되지 못 함을 한스러워하다
魅力[mèi lì] : 매력
期望值[qī wàng zhí] : 기대치
受访者[shòu fǎng zhě] : 방문받은 사람, 조사대상자, 응답자
深厚[shēn hòu] : (감정이) 깊고 두텁다, 튼튼하다
文化底蕴[wén huà dǐ yùn] : 문화기반
不妨[bù fáng]~ : ~해도 괜찮다,~해도 상관없다
倡导[chàng dǎo] : 제창(하다), 주장(하다), 발기(하다)
民族特色[mín zú tè sè] : 민족적 특색
打动[dǎ dòng] : 감동시키다

习题[xí tí]

1. 上海服装协会秘书长徐秀清对中国女性穿着的态度？
2. 〈中国妇女〉杂志总编为什么认为可以在本土品牌的危机中看到希望？

정답

1. 中国女性穿出民族特色，不仅是为了打动身边的男性，更可以感动世界.
2. 因为，在商品质量、价格和服务差不多时，超过半数的内地女性消费者表示会选购本土品牌

임반석(任盤碩)

현재
청주대학교 중국통상과 교수
ybss@cju.ac.kr

저서

「중국경제 : 두 가지 기적과 딜레마」
「중국경제, 기적은 끝났는가」
「중국의 전통, 경제발전, 그리고 민주화」(편저)
「중국 주택상품화 연구」
「한국경제 선진화와 법치」(공저)
「선진경제 진입과 법치원리확립」(공저)
「중국경제의 개혁과 발전」
「통일시대 근현대 민족정신사 연구」(공저)

대학생을 위한
일석이조 중국어(읽기편)

1판 1쇄 찍음 • 2009년 2월 20일
1판 2쇄 펴냄 • 2013년 8월 30일

저 자 · 임 반 석
발행인 · 정 현 걸
발 행 · 신 아 사
인 쇄 · 예지인쇄
주 소 · 서울특별시 은평구 녹번동 28-36 2층(122-826)
전 화 · (02) 382-6411 팩 스 · (02) 382-6401
홈페이지 · www. shinasa. co. kr
E-mail · shinasa@daum. net
출판등록 · 1956년 1월 5일(제9-52호)

ISBN: 978-89-8396-610-0(93720)

정가 10,000원